この差はなにか?

# 勉強のできる人できない人

頭の問題か? やり方か? 環境の問題?

和田秀樹
医学博士・精神科医

中経出版

# はじめに

## なぜ人は勉強に無頓着になるのか

勉強という言葉にどのような印象をおもちでしょうか。多くの人にとって、というよりほとんどの人にとって、他からやらされるもの、あるいは強制されるものという印象をもっているのではないでしょうか。

それが、一種の習性となり中学や高校そして大学への受験競争の中でこの感覚がどんどん強くなり、自分の中の価値観として植え込まれてしまっている人も少なくないようです。それだけならまだしも、厳しい大学受験を突破したその瞬間から、本人の意思や気持ちに反した勉強から解放されたという快い気分が支配し、勉強に無頓着になる大学生がかなりの数いるのが現実です。

大学では経済学や社会学、心理学など社会に出て役に立つ勉強が用意されているのに、多くの大学生は、残念ながらそれにあまり関心を寄せません。せいぜい試験をクリアして卒業できればいいやと考えているようです。なぜ、そうなるのでしょうか。

それは、勉強は他からやらされるものという固定観念があるため、自分の意思で積極的に学ぼうとしていないケースが大半だからではないでしょうか。しかも、大学の教授たちも、研究には熱心ですが、教えることにはそれほど熱心でないため、実際に自ら学ぶ気にならない講義がほとんどだということが、学生の固定観念をさらに強化しています。結果的に学生たちは、習ったことが頭に残っていません。

しかしそれだけではありません。勉強あるいは学問を将来の職業として考えている一部の人を例外として、勉強によって得るものが少ないという思い込みがあります。加えて、現実に大学教育の場合も、大学の先生方が、社会の成功者たちが大学教授になるアメリカと違って実社会での経験がほとんどない人のため、実社会でほとんど通用せず、また東大法学部の学生でさえ、予備校に通わないと司法試験に受からないことでもわかるように、資格試験にさえ通用しない講義をしているという問題もあります。これが相乗作用を起こして勉強が魅力のないものになっているのでしょう。

そんな学習環境の中で社会に出て、就職したとしても企業の戦力になれるわけがありません。そこで多くの企業は大卒新入社員に基礎的な内容を含む再教育を施さなければなりません。しかし、不況の中、現在の企業にはそんな余裕もなく、また再教育が上手くいっても、すぐに転職される可能性があるため、なるべくそれをしないですむ即戦力を欲しがる傾向があります。

## 勉強の秘訣を余すところなく公開

そういう意味では、何とか自分で勉強をするノウハウを身につけないと生きていきにくいのですが、これまでの人生経験から勉強をしてもできるようにならないのではないかと思い込んでいる人は少なくありません。しかしながら、本当は、勉強ができる、できないというのは、一〇〇％といっていいほどやり方の問題なのです。

本書では「勉強ができる人、できない人」というテーマのもと、この状況を打破するためのさまざまなアングルから多様な提案やアドバイス、そして勉強ができるようになるための秘訣について語ります。

まず、「前編――勉強ができる？ できない？ 分かれ道は…タイプ別対応法」では、たとえば、やる気が空回りしてしまうタイプやちょっとした失敗でめげるタイプ、あるいは集中力が足りないタイプ、自信があり要領もよいタイプなどをとりあげ、それぞれが抱える問題点を浮き彫りにして的確な対応法を明らかにします。

次に、「中編――勉強についての誤解・曲解・早とちり」では、勉強の主役を担う脳について、ソフト面とハード面から、知識、学歴、読書さらに頭を良くするための方法を追究して、効果的な勉強法について提言します。

さらに、「後編――年齢で追う…勉強指南」では、記憶や思考などについて、人の成長に応じた特質を解剖し、好ましい勉強のあり方を述べます。

そして、本書では勉強についての決定的な方法を考えるために、「完結編――勉強ができる人になるために…」を設けました。この完結編では、勉強ができる人になるために、何を考え、何を利用し、何を身に備えたらよいのかについて私の考えるところをなるべく正直に公開しました。

いうまでもなく勉強は、学歴に関係なく、また過去に秀才の誉れがあるなしにかかわりなく、本人の意欲と努力が最大の決め手となります。発明王エジソンは「九九％の努力と一％の才能」といったそうですが、まさにそのとおりです。仮に素質と才能に恵まれていたとしてもその比重は一部を占めるにすぎません。

そのため、本書は読む側のやる気をなるべく引き出せるように最善を尽くしてみたつもりです。

よい勉強法というのが、これからの厳しい時代を迎えるあなたにとっての最大のプレゼントだと私は信じています。

二〇〇二年二月

著　者

◉目次

## 前編　勉強ができる？できない？分かれ道は…タイプ別対応法

中編

# 勉強誤解・曲解・早とちりを質《ただ》そう

完結編

# 勉強ができる人になるために…

イラストレーター／長谷川泰男

# 「勉強できない人」のタイプ

## ——見てわかるチェックポイント

この本をお読みになる前に
ちょっと自己チェックしてみませんか。
思いあたったら□に「√」をつけておきましょう。

### ◎やる気が空まわりする人

- □ 勉強準備ばかりしている。
- □ 難しい問題を無理して解こうとする。
- □ 自分の能力以上のことをしている。

### ◎凡ミスでめげる人

- □ 油断して、易しい問題で失敗する。
- □ 気持が傷つくのを恐れて、誤りをわざと確認しない。
- □ その気になればいつでもできるので後でやればいいと思う。

## ◎集中力が足りない人

- □「アテンション(注意)」が足りない。
- □「インタレスト(興味)」がわかない。
- □ イライラして勉強が手につかない。

## ◎自信があって要領もよいが結果がでない人

- □「できるに決まってる」と思いこむ。
- □ 失敗を隠して格好をつけることがある。
- □ 実力と無関係にヤマばかり張りたがる。

## ◎成績にこだわりすぎる人

- □「こんなの以前はできたのに」と嘆く。
- □「二年目のジンクス」に悩む。
- □ 成績が落ちて叱られるのが恐い。

前　編

# 勉強ができる？できない？分かれ道は…タイプ別対応法

勉強ができる人、できない人の間には大きな差がありますが、この差は結果に現れます。この結果が重要です。問題は、勉強をしようと思い立った時点で本人がどう考え、どう対応するかにあります。

# やる気が空回りしてしまうタイプ

## 勉強についてのつまらない錯覚を捨てよう

やる気が満々なのに勉強がはかどらない。よく勉強はしているのに、はかばかしい効果が得られない。やっている勉強が的はずれなために実力が伸びない。世間では、よく耳にする話です。

これには、いろいろ理由が考えられますが、そのなかで比較的多いものが「勉強の準備に手間ひまをかけすぎる」ケースです。やる気が先走りしたり、勉強について大げさに考えて、実際の勉強に手をつける前に、それまで気にもかけなかった部屋の模様替えにやたらと凝ってみたり、机や椅子を新調したり、パソコンなどを買いそろえて、万全の態勢を整えてしまうケースです。

本人にすれば、そうすることで心の準備をする意味があるのかもしれません。また勉強に対するテンションを高めたいという気持ちもあるのかもしれません。もちろん少しは勉強に手をつけているのでしょうが、実際にそう上手くいくでしょうか。よくあるケースは、本人の意図に反して準備が整った段階で勉強に対する意欲が殺がれてテンションが低下してしまうことです。意欲が薄らいでいる分だけ、勉強に向ける関心も弱まっていますから、勉強が思うようにはかどりません。とどのつまり、せっかくの勉強が嫌になってしまうのです。

また、このタイプの人は、勉強を特別の集中行為と形式的に考える傾向があります。たとえば、三時間なり四時間、一気に勉強しなければならないと信じているのです。びっちり机に向かって座っています。最初のうちは集中できても、そのうちに疲れてきます。

そして、勉強よりもだんだん机に向かって座っていることが目的化してしまい、大してはかどっていないのに、じっと座っていることで勉強しているような気分になってしまうのです。もちろん、それでも疲れます。疲労は、身体から頭に及びます。この頭の疲れのために、記憶がさらにうろ覚えになっているのに、自分は疲れるくらいすごく勉強をしているという錯覚をもつこともあります。これはこうしたタイプの方が陥りやすい錯覚です。

## 勉強に対する錯覚は気休めになりやすい

勉強の準備に手間をかけすぎるにせよ、机に向かって何時間も座るにせよ「パーフェクトなコンディションでないと勉強ができない」と思い込んでいる人にとって、こうした思い込みは、かなりの「気休め効果」をもたらします。なにしろ、準備は万全であり、かつまた三時間も四時間も我慢し威儀を正して机に向かって座っていたのですから……。

私の高校時代に、図書館で知り合ったよその学校の生徒にこういうタイプの人がいました。彼は、一日中、図書館にこもって古文の教科書の丸写しをし、かつ、それを現代語訳していました。これは手間がかかります。一日かけてせいぜい三ページから四ページできればいいほうでしょう。しかも彼は、身じろぎもしないし、昼食も食べないで四苦八苦している。確かに彼は、律義で性格が几帳面でした。

思えば勉強に対する彼のプロセスは、なかなか人が真似をできないもので、立派とさえいえたのですが、これで勉強できるようになるには、何年かかるかまったくわかりませんよ。

数学の問題集を解くにしても、なかなか解けずに丸一日かけて三問とか五問くらいしか進まない人もいました。彼らは、頭が悪いのではなくピントがずれていただけなので、端で見ていて惜しい気がしました。

# 勉強はなぜプロセスが大事か、心に刻もう

## 勉強は、結果オンリーと割り切るべし

時として人間の心理は、不思議な作用を及ぼすものですが、準備にこだわるタイプは、年齢にかかわりありません。もって生まれた性格とはいえませんが、お膳立てが万端、整っていないと何も手がつかないのでは、勉強ははかどりません。

一般的にみて、このタイプは、比較的、潜在能力はあって、かつ律義でまじめな完璧主義の方に多いようです。しかし残念なことに、せっかくの貴重なエネルギーを見当違いの方向に向かって放出してしまい、勉学意欲が空回りしていることになります。すでに述べたようにこれは非常にもったいないことで、勉強に対する錯覚がもたらした徒労です。しかも多くの場合、疲れる割に成績が上がらないことで勉強が嫌になる

結果となり、最終的には勉強から脱落してしまうのです。

以上のような勉強にかかわる錯覚は、一刻も早く捨てるにかぎります。それはエネルギー放出の空回りをくい止め、ピントを合わせて、勉強効果を高めるためにぜひ心得ておいていただきたいポイントです。

はっきりいえば「勉強というのは結果」です。「結果」とは学生なら試験やレポート、授業などにおける成果発表に現れます。またサラリーマンならば、営業実績や業績評価などに現れます。

これを別の表現でいえば、プロセスにこだわっていても仕方がないともいえます。ドライに割り切って考えましょう。学生ならば勉強のプロセスで、いかに努力し徹夜をして頑張ったとしても、またサラリーマンならば、いかに残業をして業務に対して熱心に励んでも、結果が思わしくなければ、勉強したことにはなりません。

## プロセスにおける勉強法が結果を分ける

ここで注意していただきたいことがあります。いま、プロセスは無関係といいましたが、これはプロセスを軽視することでは断じてありません。否、まったく逆です。なぜならプロセスでどのような勉強法を採用するかで、効果に差が現れるし、結果に絶大な影響力を及ぼすからです。

たとえば、受験を考えた場合、結果を出すためになにが必要かといえば、予習よりも復習にエネルギーをそそいだほうが的確です。当たり前の話といわれれば元も子もありませんが、復習は、一度、習ったことなので頭に入りやすいし、より少ない努力でより多くの量が頭に残ります。

大人の場合、業務知識の勉強では上司に勉強しているふりをいくら見せても無意味です。習得した知識を結果として見せつけるほうがはるかにましです。マージャンで「だまテン」（黙っていて上がること）という言葉がありますが、勉強に必死の様子は人に見せないで、ポーカーフェイスで成果を見せるのです。見方によっては嫌味ですが、精神的には強くなった気分になります。

勉強する態度も自由に考えたほうが得です。シャチこばる必要はまったくありません。司法試験や会計士、社労士などの資格試験で予備校もありますが、子どもの場合に比較して、勉強態度に注文はつきません。教室で受講する場合でも、机の上にジュースやコーヒーを置いて（タバコＯＫのところさえある）リラックスしながら勉強しても文句をいわれないかもしれません。そのほうが講義の内容が頭に入りやすい可能性があります。その代わりリスクも利点もすべて本人に返ってきます。

## 能力に対する「オーバーキャパシティ」に気をつけよう

### たとえば、難問は飛ばしてやさしい問題で自信をつける

意欲があり熱心に勉強しているにもかかわらず結果が出ない。これは方法に問題があるからです。これを見直すポイントは、まず自分のキャパシティの範囲内で余裕をもたせて量的な目標を立てたほうが得策です。たとえば、今日は何ページまでかたずける、これをやらないと意味がないと自分に言い聞かせるわけです。

そのさい注意したい点は、目標を早めにクリアしても先を急がないことです。その時点で打ち留めにして、残りの時間を復習にさくのがいいのです。欲をかいて先に進んでキャパ・オーバーになるより、ずーっとよい結果につながります。

このほかに考えられることは、やさしい問題をまずかたずけて勢いをつけ、歯がた

たない難問については、さっさと答えを見てしまうという手もあります。この方法には不満や不完全燃焼を感じる人も多いと思いますが、やさしい問題に難問を解くカギが隠されているケースが意外に多いので、やさしい問題を先にやると難問に歯が立たなくなるということはなくなることもあります。

それから受験にかぎらず、試験というものは、満点を取る必要はありません。また教科書に書いてあることをすべて覚えていないと、勉強ができないとか教養がないとかいわれないわけですから、要所要所のポイントや全体のアウトラインを把握するだけで合格することも少なくないのです。

だから満点は取れないけど、六〇点や七〇点ならいけそうだ、となればしめたものです。ちなみに、多くの資格試験はおおよそ六〇点ぐらいが最低合格ラインで、問題もそれを想定して作られている例が多いようです。

## 勉強について、あのプラトンも示唆している

人づてに耳にした話ですが、ギリシャの哲学者プラトンは、学生に対して自分の講

義を寝そべりながら聞いてもよいといったそうです。効果的勉強プロセスのあり方を示唆するものとして興味深いですね。

これを単純に解釈すれば、さすがプラトンは粋な計らいをするものだ、と感動したいところです。勉強は、マイペースで勝手気ままにしたほうがよいと思うかもしれません。しかし、プラトンは、そんな気の利いたことはいっていません。その「こころ」ですが、実はプラトンは黒板に文字を書かない癖があったからです。もう一つ、もっと重要な理由がありました。

それは「勉強ができる・できないは、あんたの勝手（責任）」と突き放す態度をとっていたからです。いいかえれば、仮に寝そべって勉強したとしても結果を出せばよいのであり、マイペースで気ままに勉強するのもあんたの勝手……といっているに等しいのです。

プラトンについては、このほか面白いエピソードがあります。これも人づての逸話で、真偽のほどはわかりませんが、あるとき非常に優れた学生がいました。一説にこの学生はアリストテレスだったらしいのですが……。その学生は、教師であるプラトンのいうことを真に受けたのでしょうか、授業中に居眠りをしていました。

そこでプラトンは、意地悪のつもりで彼が居眠りをしているのを見計らい、そのときに講義した内容について後日質問したのです。ところが彼は、質問に対してスラスラと正確に答えたのです。

驚いたのはプラトンです。君は寝たふりをして聞いていたのか……と聞き返しました。

するとその学生は、うなずきながら次のような返答をしたのです。

「先生の講義は、目を開けて聞いていてもムダですから……。それに寝たふりをするのも私の勝手です」

と答えたのです。

相手の癖や方法を見つつ、状況を的確に把握して、余計なエネルギーを使わずに対応する。要するに情報処理に徹した態度をとったわけです。この学生の知恵を現代人も大いに学ぶべきです。

# ちょっとした失敗でめげるタイプ

## 凡ミスでめげたら大損になる

試験などでよく耳にする話ですが、わりと難しい問題ができるのに、初歩的なやさしい問題でうっかりつまずいちゃったというケースがあります。また、試験ではやさしい問題から手をつけるのが鉄則ですが、一番目の問題が一番やさしいとは限りません。最初の問題でひっかかって、そこでくよくよ悩んだ末に貴重な時間をつぶしてしまう。あげくの果てに、気持ちが焦って、その後のやさしい問題にひっかかってしまう。あるいは、学校の授業で、わからない個所にぶつかるとそこで勉強する気が失せてしまう。そのほかこの手のつまずきはいたるところで遭遇します。

こうしたやさしい問題などでミスして先に進まないために、本人が精神的にめげてしまうことがあります。しかも、それが悪く影響して難しい問題も失敗してしまう。こうしたマイナスの連鎖反応が起こると大損です。

試験にかぎらず、仕事などでも初歩的なミスで、自信を失うケースがよく見られます。そんなささいな失敗で意欲をなくしてしまうとしたら、随分とバカらしく、もったいない話です。

もちろん精神的な落ち込みは、本人のもって生まれた性格にもよるもので、なかなか直しにくい場合もありますが、一ついえることは、そうした性格の人は精神分析の世界では、一般に「自己愛」的な人と呼ばれます。

## わざと努力しないで「自己愛」を守るケースに注意しよう

自己愛的な人は、逆にその自己愛（自分を可愛いと思う気持ちや自分が優れていると思う気持ち）が傷つきやすい傾向があります。たとえば、ちょっとミスを指摘されただけでも、自己愛が傷ついてしまい、意欲を失ったり、すねてしまったりして、結局、その人本来の能力が発揮できないことになりやすいのです。

もっと気をつけたいことは自己愛が傷つくことを恐れるあまり、不用意な自己防衛をしてしまうケースです。

たとえば「その気になればば（勉強）できるけど、後でやればいい」といった台詞によく現れています。どういうことかといえば、勉強やらないでできなくても自己愛はそれほど傷つかないが、勉強してできなかった場合、自尊心や自己愛が傷つくことを何よりも恐れているのです。

このタイプの人は、無意識のうちに安易な心理的自己防衛をしているのです。こうした心理状態が習慣化すると、モラトリアム的言い訳を繰り返すことになるわけです。モラトリアム的タイプは、一九七〇年代の後半にすでに慶応大学の小此木啓吾先生が若者心理として指摘していましたが、私の見るかぎり、最近の若者にもますます増えているようです。彼らは、自分で自分に対して厳しい現実との対決を「執行猶予」してしまうのです。結果を重視する立場からすると、これは逃避といわれても仕方ありません。このような人は勉強にかぎらず、何事に対しても逃げ腰になる癖になりやすいので、くれぐれも注意すべきです。

## 「エリート」は早めに挫折している

自己愛が傷つきやすいのは、それまで自己愛が満たされてこなかった人に、多いとされています。世間でたびたび話題になることですが、エリートは子どもの頃から順風満帆で挫折を知らないために、ちょっとした失敗でめげるし、ひ弱と指摘されます。私は、果たしてそうかと思うのです。

たとえば東大生は、成績では勝ち続けてきたかもしれませんが、他面ではコンプレックスを感じている場合が意外に多いのです。たとえば、勉強以外のスポーツあるいは恋愛などで褒められたことがないかもしれず、自信もありません。

そんな場合、本人の感受性が強ければ、心の中で密かに傷ついて挫折を味わっているかもしれないわけです。彼は、子どもの頃から勉強ができることで周囲から愛されていると思い、もし勉強ができなくなったら、誰にも相手にされないという恐怖感があるのです。

もちろん、テストなどで失敗しても親などが「あんたはうちの子だから失敗しても気にしていないわよ」といった調子で周囲の親しい人が気にせずに愛してくれればいいのですが、そうでない場合、本人の内面で、一種の劣等感情やトラウマ的な心理として残る可能性があります。

仮に、そんなタイプの人が自分の得意分野でちょっとしたミスをしたとすれば、二重に傷ついてしまう。本人にとってもう後がない。この挫折は、自己愛の傷つくレベルが違うのです。ですから挫折を知らないのではなく、挫折を早く味わったゆえに、取り返しがつかなくなる恐怖が大きいし、挫折に弱くなっているということです。今、エリートの譬えで話しましたが、この手の恐怖感や心の傷は、程度の差があっても誰にでも当てはまる話です。

これを克服するには、ちょっとした失敗をしたときに「まあ、いいや」とわざと放り投げて、失敗しても大したことがないという経験をしてみることです。失敗をすべてダメと考えるのでなく、同じ失敗でも許されるものと許されないものの差をつかむ。免疫と同じことで、ダメージの少ない失敗なら「合格圏内」だという感触を頭でなく感情に刷り込むことができればしめたものです。

## 集中力が足りないタイプ

### 「注意欠陥」を克服しよう

集中力があれば、試験にも仕事にも確かに有利です。しかし、最近のアメリカの統計では、この集中力が足りず、動き回ってしまう子どもが増えているようです。

こうした集中力が足りないタイプを医学では「注意欠陥多動障害」とか「ＡＤＨＤ」と呼ばれていますが、アメリカでそれについての精神科の診断基準を用いた調査では、多いものでは人口の二〇％近くがその診断基準にあてはまったとされています。かつては、それがせいぜい三～五％といわれていました。

ところで、このＡＤＨＤは、最近の研究では遺伝的な要素が強いということが判明しつつあります。落ち着きがなくて、いつもそわそわしている。じーっと座っていられない。こういうとどなたにも身に覚えがありそうな症状で、いかにもストレス過剰でせわしない現代社会を象徴しているようですが、さまざまな調査で遺伝的な要因が強いとわかったのです。

しかし、こうしたタイプの方、特にお子さんの場合は、遺伝的なものと放置しておいても結果はよくありません。実際、こうした子どもも、昔みたいな厳格な教育を受けていた時代には、三％ほどしかいなかったのですから。この症状が遺伝性で生まれつきのものだったにしても、昔風の教育のほうが人を落ち着きのあるタイプにする可能性があるわけです。

昔風の教育といっても、誤解しないでほしいのは、命令ではなく適切に導くことです。その点は昔の教育は優れていたようです。

たとえば、最近の精神医学で盛んになりつつある「行動療法」の手法では、じーっとしている時間が長くなったら褒めてあげるとか、ちゃんとできなかったらきっちりと叱るという方法をとります。

このやり方で、八割以上の人が改善したというデータもあります。導く側に首尾一貫した姿勢が求められます。この方法を子どものときにキチンとすれば、成長のプロセスのなかで、自然に治ってしまうというわけです。

## 「アテンション」を高めよう

最近の子は、気もそぞろで集中できない、とよくいわれます。また、スポーツをすると集中力が養えるとも指摘されます。集中力は現代の心理学では「アテンション」すなわち「注意」の一種と考えられています。そしてこの注意によって、記憶対象の入力がよりうまくいくと考えられています。

諺にも「心そこにあらざれば、聞けども聞こえず、見れども見えず」といいますが、まったくそのとおりです。気もそぞろなときに、耳にしたり目にしたものは、大方記憶に残らないものです。しかし、アテンションのレベルが高ければ、しっかりと記憶されます。アテンションは、その人にとって必要性の高いものや、興味の対象であるものの他に、印象度が強いものや事件性があったりして自分にとって強い感情体験のものでは、そのレベルが上がります。

注意すべきことは、このアテンションは年齢とともに衰えると考えられていることです。ああ、年のせいか？と単純に受け止めないでください。実は、理由は別のところにあるのです。それは、年齢とともに物事に対する感動が薄れるメカニズムがあるからだと思われます。

若ければ若いほど見るもの聞くものの多くが新鮮で、印象深く、アテンションを誘います。が、年をとるにともない、知識が増えるだけでなく経験と体験を重ねるので、物事に対する新鮮な感動は薄れ、好奇心を感じなくなりアテンションが衰えます。考えれば当然です。この傾向は加齢による生理的な記憶力減退よりも重視すべき要素です。年を重ねてもなお好奇心が旺盛な人が若々しく、頭もしっかりしていて記憶もよいのは、知識や経験にかかわりなく物事に対する感動や好奇心を失わず、アテンションが衰えていないからでしょう。さらにいうと、人間の脳は前頭葉という前のほうの部分から衰えてくるので、このような経験や体験の積み重ねがなくても、実はアテンションが落ちがちなのです。だからこそ、年を取るほど好奇心を大切にしたいのです。

## 中高年は「インタレスト」で勝負しよう

昨今、リストラなどきわめて厳しい立場にたたされている中高年が「鬱症状《うつ》」に陥るケースが増加しているようで自殺者が急増するなど事態は深刻です。

自殺というほどひどいレベルでなくても、気が滅入っていたり、鬱状態のときはアテンションが大幅に低下して、記憶力が大幅に減退します。これは勉強という点から見たときには大きな問題といえます。

中高年の場合は、長年の経験があるために物事にいちいち感動しない。そのうえに勘を働かせれば、同じ仕事を続けている限りはある程度は生きられるわけで、わざわざ勉強しなくても対応できる面があります。また、脳の前頭葉といわれる場所の老化が始まっていることも多く、自発性や感情機能が低下している。そのため、勉強に対して日常的に感度を磨いたり、アテンションを高める必要を感じない場合があり、しかも習慣化しているケースが見られます。しかし、彼らは、年齢的にベーシックな記憶力が下がっているうえに、リストラなどへの不安があり、鬱状態にもなりやすいので、アテンションを高い水準に保つためには、なおさら条件が悪くなりますね。つまり、勉強という面では、生理的・肉体的な面で不利なだけでなく、社会的・経済的立場においてもストレスにさらされているというデメリットを負っています。

このようにアテンションを維持するのが難しいのですが、このアテンションには二つのタイプがあることから、挽回の方法を考えてみましょう。

一つ目は「能動的な集中力」です。これは、やりたいことがはっきりしていて真剣にとりくむ姿勢が必要とされます。一種の義務感がともなっているわけです。もう一つは集中力ではなく「関心」すなわち「インタレスト」です。

とにかく本人が関心や興味をもつものについてはアテンションは高まるわけです。だから義務感のようなものは薄くてすみます。たとえばワインのことなら何でも知っていたり、サッカー選手の名前なら正確に覚えられます。

そういったタイプのアテンションの高さです。これは気持ちを浮き立たせます。そこで中高年の方の場合は、「インタレスト」で勝負してほしいですね。とにかくご自分にとって面白いことにトライしてみる方法は、月並みに思えても意外に有効な勉強法なのです。

## イライラ症状は「型」で対応するのもいい

最近は自殺者の急増が問題にされるように、精神科で「鬱病」が増えているのではないかと考えられています。この病には「アジテーション」という症状があります。どんな症状かといえば、イライラしていても立ってもいられなくなってしまう状態で、ひどい場合は、そのつらさのために自殺までしてしまうのです。この場合は、きちんと薬を飲まないといけません。

薬のいらないレベルの軽い鬱状態の際もイライラすることは珍しくないようです。こうしたときは、生活や勉強について「型」にはめて導くほうがよい場合があります。「型」にはめるのは自分自身の意思でもいいし、しかるべき医師や教師あるいは専門家でもいいのです。たとえば、机の前に三〇分座っていることを朝の日課として決めてあげるとか、一日に教科書五ページは必ず目を通せばよいと決めたりして行動パターンに道筋をつけて、気分的な安心感を保障してあげるといったことです。本人にとっては嫌な勉強でも義務をこなせば解放されるというルールが重要になるのです。

# 自信があり、要領もよいタイプは

## 「こんなのできるに決まってる」という思い込みが危険だ

テストでよく聞く話ですが、やさしい問題のとき「こんなのできるに決まってる」と思い込んで、失敗した。できたつもりなのにできなかった。これは自信過剰なタイプによく見られます。

一見して、ウッカリミスと思われがちですが、実は、そうではなく「思い込み」や「単なる習慣化」による見落としと考えたほうがよいでしょう。ウッカリミスは、誰にでもあることです。しかし、思い込みや習慣化が根付いてしまうと、そう簡単には直りません。

こんなとき「凡ミスなんだから、次にちゃんとやればいい」などと呑気に構えていたのでは、再びミスを繰り返すことになります。はっきりいえば、ささいなミスで二〇点失うのも、本当にわからなくて問題が解けずに二〇点失うのも同じことと思わなければいけません。ミスで失点した場合は、ミスをした個所の練習問題を、より多くやるなどして、ここはミスがしやすい個所だということを頭に叩き込み、思い込みや習慣化を取り除かないといけません。

これと似たケースは大人の場合にもあります。いつもやりなれている仕事で、しかも自信がある業務の場合、どんな難問がふりかかってきても大丈夫だ、と思い込むものです。そんなとき、それまで蓄積した知識とノウハウで対応して、絶対の自信があったのに、思わぬクレームがついた。そのとき「凡ミスだから次は、ちゃんとやろう」と考えると、再び足をすくわれかねないのです。

## 要領よすぎる落とし穴はなにか

自信とつながる話ですが、世の中には何をやらせても要領よく上手くこなす人がいます。しゃべりも滑らかで、手抜かりもない。だから何も問題がなく、他の評価も高いわけです。いうまでもなく要領がよいのですが本人は、自信があるだけに、ややもすれば努力しないし、勉強も疎んじる傾向があるかもしれませんね。

時には失敗して反省の機会でもあれば本人も考え直して勉強するのかもしれませんが、こうしたタイプは、要領がいいだけに上辺の体裁に抜かりがなく、なかなか失敗しないものです。しかし、本人の心の底までは推し量れません。心のなかにつまずきがあった場合、本当の実力が伸びていかなくなるかもしれません。

それを隠して、大した知識も実力も備わっていないのに知ったかぶりをしてしまったり、大風呂敷を広げたり、人目を気にしたりして、仕事を過剰に引き受けすぎたり、顧客や上司などに好印象をもたれようとして、できもしない仕事・依頼を引き受けた場合、ピンチに見舞われるかもしれません。もし自信や要領だけでカバーしきれないことがあると、馬脚が現れてしまうこともあります。

要領がいいことは悪いことではありませんが、自分の能力の評価だけはきちんとできるようにならないと、取り返しのつかない失敗をしてしまう可能性が小さくないのです。

## 実力がないとヤマは張れない

よく「ヤマを張る」といいますが、これは占いのようなもので要領次第、実力と無関係と思われがちです。しかし、本当にヤマを張る場合は、違います。

もちろん、ヤマがたまたま一回や二回当たったというのなら、それは単なる運にすぎません。しかし、大した勉強もしないのに、ヤマを張ってまあまあの高レベルの点をこれからも取り続けていきたいという場合は、勉強のほかに、別の種類の実力が求められます。そこにヤマを張るときの力量が問われるのです。

ヤマを張るということは、相手の分析と自己分析がともなわないといけません。たとえば試験範囲のなかとか、勉強しておかなければならないことのなかで、何が最も大切か、何が重要なカギか、そして自分の能力特性から考えて、どこの部分を勉強するのがいちばん点が取りやすいのかを見極める能力が必要です。

そのためには日ごろから教師の考え方や発想、さらに発言に注意を払う集中力も欠かせません。ヤマを張るという一見怪しげな行為の背景には、そうした努力が隠れています。そのなかで実力が培われるのです。だから、運試しのような形でヤマを張っても、満足のできる成果は期待できないのです。

## コツをつかむ能力はどう養うの

ヤマを張るのは「コツ」をつかむときと合い通じるものがあります。特に勉強のコツをつかむときに、それが試されます。要するに、そのときに一番大事なことは何か、一番大事なことがどこにあるのかを的確に見極める能力です。

その点のポイントは、仕事の場合に現れます。たとえば、セールスマンの方で、商品知識はあまりないけれども、セールストークは抜群に上手いタイプがよくいます。この人の一番大事な使命は、商品知識の詳細を学ぶことではなく、商品を売ることです。商品を売るために何が最重要かをつかまなければなりません。このタイプの場合、商品のエキスを把握して、セールストークに活かしたのです。商品知識が弱いのなら、商品知識のプロとタイアップしてクリアできます。そうするほうが顧客にとって、むしろ誠意をアピールできるかもしれません。

すべてを引き受けるのではなく、的を絞ってマスターし、足りない部分はしかるべきプロに一任する。これは自らのキャパシティを考慮しつつ、自己分析によってコツをつかんだ例として注目に値します。これがコツをつかむ一つの手法といってよく、特に大人の勉強法を考えるうえで注意すべき点ですね。

# 成績や実績にこだわりすぎるタイプは

## ポイントは新発想の獲得にある

私は「勉強は結果オンリーと知るべし」といいましたが、結果としての成績や実績にこだわりすぎるのは、問題が起こります。そのために勉強のプロセスの重要性に触れたわけですが、それにつけ加えて、次の二つの問題点について述べてみようと思います。

一つ目は、それなりに優れた実績があると、過去の知識や方法に固執してしまい、新しい発想が浮かばないことです。結局、それまでに経験していない課題に遭遇すると、手がでなくなってしまう可能性が強いのです。

もう一つは、たとえばテストなどの場合、成績に関して結果とか順位ばかり気にして、肝心要の内容についての検証がお留守になることです。何ができなかったのか、苦手分野は何なのか、今後に克服すべき課題は何か、といった点が抜け落ちてしまうことです。成績とか実績というものは、本来、それを分析して以後の糧にしなければ意味をもちません。その点を忘れないでほしいと思います。

## 「二年目のジンクス」に悩むな

よく耳にすることですが、芥川賞などで処女作はすごい傑作なのに、二作目がでないケースがあります。処女作の実績に引きずられて、次もいい作品を書かなくてはと焦るわけですが、焦れば焦るほどそれまで蓄積した知識や方法に固執して身動きがとれなくなってしまう。こうしたケースは、作家の世界にかぎらず、セールスの世界でもよく見られることです。高実績の翌年は不調に悩まされる方が多いのではないでしょうか。

これは俗に「二年目のジンクス」といわれるものですが、人の能力というものは、その人に備わった平均的能力への回帰現象が必ず起こるとされています。だから、たまたま傑作や高実績をマークしたからといって、それは本来の実力とは言い切れないのです。そんなとき、世間では増長するなと叱るようですが、それは間違いです。高実績をマークすれば増長するのは当然です。それをくよくよ悩むのでなく、いかに本来の平均的能力を上げていくかを考えるべきなのです。

## 叱る効果と褒める効果の話

人は叱ると克己心を刺激して成績が上がり、褒めると増長したり気が緩んだりして成績が下がるといわれます。結論から先にいえば、教育心理学の世界では、褒めるほうが前述の平均的能力が上がると考えられていて、この考え方は間違いだとされています。ではなぜこのようなことが起こるのでしょうか？　パズルのような話ですが、少しお付き合いください。

サイコロの目が「1」から「3」のときは「叱り」、「4」から「6」のときは「褒める」と仮定しましょう。このサイコロは不思議な性質があって、叱ると前より「いい目」がでて、褒めると前より「悪い目」がでますとあなたは説明を受けました。確かにかなりの確率で、叱ると前より「いい目」がでて、褒めると前より「悪い目」がでます。まさにセオリーどおりの結果になりました。しかし、よく考えれば、「叱る」「褒める」にかかわりなく、最初に「4」から「6」という大きな数がでた場合、次にそれより大きい数がでる確率は低くなります。

人の成績もこれに似ていて、最初に自分の平均的実力以上の実績を上げた場合、前より高くなる確率は低くなります。内容を忘れて、見た目の成績や実績に引きずられると、確率的に厳しい客観情勢が見えなくなります。これは、注意したほうがいいと思います。

## 勉強は「習う」ものでなく「慣れる」もの

勉強法には、さまざまなスタイルがあります。どれが正しいのかは結論づけられません。勉強する人の個性や性格、能力の程度によって、その方法は違うものになるはずだからです。

一番、大切な点は、あなたのタイプに合った方法を見つけることです。あなたが自信家でも、お調子者でも、どのようなタイプであったにしても、それ自体に問題はありません。問題は、それにあった勉強法を見つけることと、それを実行することです。

古い諺ですが「習うより慣れろ」といいます。勉強は、確かに「習う」ことですが、実は、そうではなくて「慣れる」ことではないかと思います。毎日、朝起きれば自然にトイレにたち、顔を洗い、ヒゲを剃ったり、食事をします。それに苦痛を感じる人は、稀でしょう。

勉強をするために「頭」を働かせるのでなく、「身体」が動いてしまうようになればしめたものです。多少、要領の悪い勉強法でも、毎日勉強をしさえすれば、確実に実力は伸びます。逆にいかにいい勉強法を知っていてもやらないのであれば無用の長物です。勉強を動機付ける方法論はいくつもありますし、私も本書で紹介したいと思いますが、最後の手段は否が応でも勉強するということの行動療法的アプローチです。嫌でも続けていくことで、勉強を習慣づけていきましょう。

# あなたのタイプは？…自己検証しよう

## 自分の姿を鏡に映してみよう

人には個性があります。厳密には一人ひとりタイプが違います。ですから、本来は何人もの人を一まとめにして、○○タイプと完全には類型化することはできません。しかし別の人同士でも、その一部が似ていることがあります。だから、似ている点を用いて類型化して、自分はどのタイプに当たるのかを考える参考にすることができます。

ただし、これには前提があります。自己についてもう少し知っておくことです。

では、自己についてどう考えたらいいのでしょうか。ヒントとしてよく引用される童話があります。『イソップ物語』の犬の話です。

――骨をくわえた犬が川に映った自分の姿をみた。その犬は、別の犬が骨をくわえていると勘違いして、その骨を横取りしようとして吼《ほ》えた。その途端に自分がくわえていた骨を川に落としてしまった――

という粗筋です。

単純な童話ですが、いったいこれはなにを示唆しているのでしょうか。人は犬の愚かさを笑っていられない、などと教訓ぶったことをいっていたのでは何事も始まりません。人の場合は、自分にとって大切なものを失わなければ、自己を省みることができない事実を示唆しているのです。童話の犬も骨を失ってはじめて自分に気がついたのではないでしょうか。

我々は、日々の暮らしの中で自分を省みていません。あるいは省みる余裕がないといったほうが当たっているといっていいでしょう。そんなあるとき、鏡に映った自分をみてなにを感じるでしょうか。他でもない、かつてあなたがもっていた「脳力」を失ったのではないかと感じませんか。逆説的になりますが、もし、そう感じたとしたら、あなたはすでに「脳力」の半分を回復しているのです。

## 鏡は、人の中にある

人が自分を知る最も有効な方法の一つに、他人を一人でも多く見ることがあります。自分を映す有効な鏡は多くの他人にほかなりません。なぜなら、最初から自分自身のことを知っている人など、この世にいないからです。

勉強についていえば、常に他人との比較や競争によってのみその成果がわかります。自分一人で孤独の中で人とかかわりなしに勉強するなどということは、単に空しいだけでなくエネルギーの浪費です。水面に映った自分の姿を他人の姿と勘違いして、大切なものを失うのは、愚かというより損失です。

勉強は、自分のタイプに合わせて効果的な対応をしなければなりませんが、それを可能にするのは同類の他人が大きなヒントと教訓をもたらしてくれます。人がしている勉強法を真似したり、逆に、わざと人の勉強法を無視して、自分なりの勉強法にこだわったり、まさに、人さまざまです。いずれの勉強法を試みるにしても、人の影響を受けているという点では同じことです。

すべての知識、すべての勉強方法は、孤独から生まれるのでなく対人関係のなかから見えてくるものです。それは場合によっては目に見えずに隠されているかもしれませんし、一見して、知識や勉強方法とは程遠いものにみえるかもしれません。

話が変わりますが、よく耳にする言葉で情報開示という表現があります。勉強には「自己の情報開示」が不可欠です。

## 勉強で人真似は、賢い対応だ

勉強は、人（他人の知識や方法）や物（たとえば書籍や教材など）を利用することによって、よりスピーディーに、より効率的に進行させることができます。人の真似は嫌だとか独創性を尊重するという態度や考え方は、言葉としては立派なことのように聞こえますが、「まなぶ」という言葉の語源が「まねぶ」だといわれているように、これははっきりいえば愚かしい方法です。

勉強では人真似は、効率的で早いうえに既成の知識をレベルアップできるという点できわめて賢い方法なのです。

皆さん、ご承知のことと思いますが、経済学で「不均等発展」という考え方があります。俗な表現をすれば、一番手で苦労するよりも、二番手、三番手のほうが発展が早く有利だということです。

たとえば、科学技術の場合、最新知識をもつ先行者の知識やノウハウを真似して、習得して先行者に追いつくだけでなく、それを土台にして、より優れたものを実現するわけです。この場合の真似は勉強にほかなりません。この方法は、近代科学の発展過程ではどこの国でも行なわれていました。しかも誰もそれを後ろめたいこととは考えていません。

## 真似を甘く見てはいけない

真似すると簡単にいいますが、これは想像するほど楽なことではありません。先行知識を理解するためのベースとなる発想や基本知識が備わっていなければならないからです。

一方の真似されるほうとしては、せっかく手にした最新知識や技術をそうやすやすと人に明かすわけはありません。だから真似を甘くみてはいけないのです。

よく耳にする話ですが、近代、欧米からみて日本は真似ばかりしているという批判や皮肉があります。しかし、この批判や皮肉は、とんだ的外れです。そういう欧米諸国そのものが、お互いに真似のしっこをしていたのですから。その点、欧米と文化的に異質な日本は不利な立場にあるのです。実際、近代以降、いろいろな国が欧米から学ぼうとしましたが、最近の東アジアの新興国までは、日本以外にうまくいった国はありませんでした。これは当時の日本の高い教育レベルに裏付けられたものだと考えられているのです。

## 勉強に向けて…自己を高める四つのキーポイント

繰り返しますが、勉強は人（他人の知識や方法）と物（たとえば書籍や教材など）を利用することによって、より効率的で、かつより大きな成果を上げることができます。そのために、当然、他とのかかわりが不可欠です。自己に閉じこもることなく、外に向かって自己を開放するほかありません。

しかし、自己を開放することは、口でいうほど楽ではありません。いくつかの段階と手順を踏まないと好ましくない心理的リアクションに襲われ、気持ちを予期せぬ方向に歪めてしまうのです。

そこで、自己の周囲から知識や勉強の方法を吸収するために、以下の四つのキーポイントから自己検証してみることが重要ではないかと思います。

## その1　ありのままの自分を出せるか

対人関係の中で、ありのままの自然な自分の姿をそのまま伝えること……これを社会心理学や最近の精神分析の理論では「自己開示」(self-disclosure) といいます。自己開示という言葉は、専門的で難しそうですが、大げさに考えることはありません。たとえば、好みのタレントや歌手、個人的な趣味、恋人として付き合ってみたいタイプといったことを相手に伝えるだけでも、れっきとした自己開示です。

初対面の場合、最初のうちは、相手のことをよく知らないわけですから、月並みな社交辞令になりますが、相手をより深く理解するようになると、悩んでいることや結婚相手として考えている人について話をするようになります。こうして自己開示の相互交換が深くなり、相手の能力や考え方を知ると、信頼とか尊敬、好意といった気持ちが生まれてきます。

この気持ちは、勉強において多くの利点をもたらします。相手を信頼しているわけですから、自分にない知識や発想について相手から学びとろうという意思が生まれます。また、逆に、自分が新しく得た知識や発想について、相手にメッセージしようという意思も生まれます。相手へのメッセージは、いうまでもなく知識の公開です。そして、相手と自分が同じレベルで意思疎通できることを望むのです。

もし、あなたがこうしたタイプの共通した相手と巡り会えたら、勉強をする最初の条件が整ったことになります。

### その2　周囲に対して望ましい印象を与えられるか

以上のような自己開示のほかに勉強に有益な考え方として「自己呈示」(self-presentation) というものもあります。

これは、ありのままの自分ではなく、他人や世の中とのかかわりのなかで、自分が望まれている人格や能力を備えているという印象を相手に与えることです。だから、時には自分自身を演出する必要もあります。たとえば、相手のご機嫌をとる場合や、相手に気にいられるような態度をとる場合もあります。相手の意見に同調することで、好ましい人物としての自分を演出したりするわけです。

人は総じて好みや発想、考え方、信念などにおいて、類似した仲間を求めようとするものです。相手に無理に同調してストレスが溜るのなら勉強どころの騒ぎではありませんが、同調によって相手から新たな啓発を受けるのなら、歓迎すべきことと思っていいのです。

もちろん、いつどんなきっかけで相手との関係が切れるかわかりませんが、勉強は相手の能力や知識を利用するほうが明らかに有利なのですから、それを恐れて無理をする必要はまったくありません。

注意していただきたいことは、自分を演出する場合、どのような自分を相手に見せるか考慮が必要だということです。これは相手を欺くのではなく知的交流を円滑にするうえで不可欠であり、最低限の大人の才覚として身に備えてほしいと思います。

## その3　自分を励ますために「利己的認知」をしていないか

相手に同調する際も自分のプライドを捨てる必要はありません。人は、プライドや自尊心を保つためにさまざまな振る舞いをします。その一つが自己保身で、心理学では「利己的認知」と呼ばれるものです。

これは、成功などいいことは自分の手柄であり、失敗は自分以外のものの責任であると考えようとする認知パターンのことで、失敗や責任から逃れるために、わざとさぼったり、泥酔して失敗の口実を設けることさえあるのです。だから、自分の今の認知や行動パターンがこの利己的認知にあたっていないかを警戒しなければならないのです。

勉強においては、この利己的認知が大手を振って横行します。たとえば、受験の失敗を恐れて、わざと勉強をさぼったり、勉強していない素振りをするケースです。また、ビジネスの場合なら、失敗の理由を周辺の客観情勢のせいにしたりして、予定外の事故やハプニングを引き合いにだして言い訳にするケースがよく見られます。

ものごとにはどんなことであれ、やむをえない理由が存在します。それは本人の責任でないといっていいでしょう。失敗ないし成功の因果関係がはっきりしているものは、利己的認知でも正当化されることもあるでしょうが、それがはっきりしていないものは、利己的認知はしばしば悪用されることになります。これは、その場の逃げ口上にはなりますが、結局は失敗の原因をうやむやにすることで、その解決ができなくなるので自分に跳ね返ってきます。

勉強で失敗したからといって、現実には誰かに叱られることは少ないし、失敗だって大きなものでなければ取り返しがつかないことにはならないでしょう。利己的認知に気づき、それをやめ、素直に失敗を認めることから、あなたの更なる発展が始まるのです。

## その4　周囲の状況と自分の考えをコントロールできるか

勉強にとってもう一つ、見逃せないキーポイントは、自己分析です。いわゆる「セルフ・モニタリング」(self-monitoring) です。最近、これについて認知心理学の世界では、自分の認知を認知するという意味の、メタ認知というものが注目されています。

自分が置かれている状況や立場のなかで、何が必要で何が求められているかを観察し、その手がかりと自分の能力特性の分析をもとにして、最適な行動をとれるように自己をコントロールする……これが勉強にとって欠かせません。

たとえば、営業という状況や、その立場にたっている場合、求められているものは、おそらく得意先を中心とした固定客や見込客が思い浮かぶことでしょう。それらの顧客を実際の上得意にするために、どのような行動が最適といえるでしょうか。

もちろん置かれた状況によることで、一概にいえませんが、もしあなたが慎重なタイプなら、見込客を新規開発するよりも、固定客を深耕するかもしれません。そうしたほうが情報が豊富だし、人間関係を新たに構築しないですみ、効率的だからです。

実は、そう判断するのは自分の性質や資質、能力などを総合的にモニターしたうえで自己コントロールしてこそ、はじめて成り立つのです。

自己モニタリングは、自分の能力や資質における許容量をつかむことにほかなりません。その器にどんな知識を収納すれば、すなわち勉強すれば問題解決に役立つのかを的確に捉えることができるのもこの自己モニタリングが上手くいけばこそなのです。

以上述べたことを行動に移せば、あなたがどのようなタイプの人間であったとしても、その場その場で自分にとって最も的確な行動ができます。

自分の中にありのままの自分だけでなく、相手に合わせたもう一つの自分、利己的で自己中心的な主観的な自分、そして自分をとりまく状況を的確に見極める冷静な自分がいることを知り、なるべき最後の自分になる時間を多くもてれば、勉強や仕事でのあなたの成功の可能性が高まっていくのです。

# 中　編

# 勉強誤解・曲解・早とちりを質《ただ》そう

勉強のできぐあい…は、皆さんはおそらく脳と答えることでしょう。最近コンピュータの仕組みが明らかにされて、機械にどのようなソフトが入るかが、コンピュータの実用性が高いことがわかってきました。人間も？　勉強するための仕組み、あり方を、改めて考え直すときです。

# 脳は酷使してもバテない

## 勉強を担う「脳力」は体力の一つだ

一般的に勉強は頭でするものと思われていて、しかも知力の世界の産物と信じられているために、脳の良し悪しが最重要と思われることが多いようです。これは、まったく誤りというわけではなく、確かにものすごい天才といわれる人は、優秀な脳のもち主かもしれません。しかし、脳の力は、知的機能の一部を構成しているにすぎないのです。実は、このほかにどのような形で脳に情報を入力するかというソフト面が性能に大きく影響を及ぼしますし、ストレスがあればアテンションも下がり、免疫機能を介して脳の働きも悪くなるため、記憶が落ちることもわかっています。また体調が悪いと脳の機能が低下することもわかっていて（これは誰でも風邪をひいているときには勉強ができないことでもわかるでしょう）、体力も大切な要素だとされるようになっています。

勉強を考えるとき、決して忘れてほしくないことは、脳のコンディションだけでなく、このように精神的なコンディションや体のコンディションも大切な要素だということです。勉強をする際には、なるべくこれらの状況をよくしておくに越したことはないのです。

たとえば、一念発起して司法試験でも受けたいというような場合、ストレスが多い環境にいるのなら、なるべくそれを避ける。あまり忙しくて体がへとへとになるような環境にいるなら、変えてもらうか転職する。つまり、ストレスや仕事の疲れから逃れるために資格試験を取ろうという場合、悪条件をそのままにしていても、勉強の能率は上がらないままのことが多く、ずるずると何年も浪人するはめになることが多いのです。今の仕事がどうしても嫌だというような場合は、まず一生懸命貯金をして、自分が勉強しやすい環境に移ってから（たとえば、勉強期間仕事を休めるくらいがベストです）勉強をしたほうがよいことのほうが多いのです。

脳は人が考える以上に脆弱な臓器です。覚えておいてほしいのですが、人の臓器のうちで脳だけが頭蓋骨という頑丈なカバーで保護されています。それだけでも脳が大切にされているのと、それだけ脳が外部からの力に弱い証拠です。また、酸素が足りなくなったときに真っ先にダメージを受けるのは脳であることもよく知られていますし、そのうえ、脳はそのようなダメージからなかなか回復せずに、一生の後遺症になることも少なくありません。

脳の調子が悪いと、記憶が悪くなるだけでなく、体の調子も悪くなることが最近の精神免疫学という学問でも明らかにされています。過度なストレスや睡眠不足はすぐに脳を弱らせます。

まず、生まれつきの脳の良し悪しより、脳を十分に働かせるような、脳に負担をかけないコンディション作りのほうが、勉強のできにはるかに寄与することを忘れてほしくありません。ストレス社会の現在は、脳に思わぬ負担をかけることは珍しくありません。

脳を大事にしながら、上手に勉強する。楽をするというより、そのほうが能率が上がるということを忘れてほしくないのです。

## 「記憶の座」そして「報酬系」

脳には、人の行動や発想にとって重要な役目を担う部分がいくつも収納されています。勉強で大きな役割を担うのが脳ですが、そのなかで特に重要な役目を担うのは記憶を司る部位の働きです。一般に脳科学で「記憶の座」といわれているところです。この「記憶の座」が有効に機能するかどうかによって、勉強の効率が左右され、ひいては頭の良し悪しが分かれるのです。

では、その効率をよくすることに、大きな影響を与えるものに「報酬系」というものが知られています。この報酬系では、今まで成功したことやラッキーだったことによって、次なる行動や発想を強化する機能があります。

こういうと素晴らしい機能のように聞こえます。しかし、これには善悪の両面があります。

まず悪い例をあげましょう。競馬で勝ち続け万馬券をあてたときのことを想像してみてください。たった一〇〇〇円の馬券が桁違いの馬券に化けるのです。ほとんどの方が快感のパニックに狂気するに違いないのです。

ここまでなら何の問題もありませんが、その先、このときの歓喜が病みつきになって、すなわち習慣化して、競馬というギャンブルにのめり込んだら身の破滅を招くことでしょう。万馬券があたったという成功が脳の報酬系を刺激して、その行動を強化してしまうため、このようなリアクションを起こしてしまうのです。これと類似した例は他にいくらでもありそうですね。

## 勉強は習慣化すれば怖くない

だからといって恐れおののくことはありませんし、報酬系を忌み嫌う必要はありません。というのは、もちろん、これには善なる面があるからです。

善なる面は、何を隠そう、勉強に現れるのです。勉強では、悪評高い競馬の病みつきを逆用できるのです。どのようにすればよいかといえば、たとえば、子どもの頃に算数テストで満点を取って先生や親に褒められたという経験などがあれば、その快感にしたがって行動すればよいのです。現に、その快感が元になって算数の勉強が習慣化し、学力アップに成果をおさめ、やがて数学者になったという人を私は知っています。

大人になっても同様のことがいえます。たとえば、営業で創意工夫（勉強）して売り上げ大幅アップに成功すれば社長や上司の評価が高くなります。評価は給与に反映しますから、大いなる快感です。これを習慣化すれば、もっと大きな喜びが手に入ることでしょう。

行動が習慣化してしまえば、半ば無意識で本能的動作に近くなりますので、改まった決意や特別の努力、苦労を感じないものです。勉強にこのセオリーが適用できれば、もはや心配いらないといってよいくらいです。それゆえに、勉強は「習慣性」をもつことによって、知らず知らずのうちに、より確かでより大きな成果に結びつく可能性があるのです。繰り返しますが、習慣性によってより確かで大きな成果を手に入れられる……勉強ほどこれにピッタリと当てはまるものはないのです。

# もの知りレベルから抜けだそう

## 勉強の苦労は、自己利益に応える

『広辞苑』によれば、勉強は「精を出して努める」とか「学問や技術を学ぶこと。さまざまな経験を積んで学ぶこと」などと記されています。ある程度、ちゃんと精を出し、苦労しないといけない面があります。

精を出したり、苦労したり、努力するというのは一般通念としては道徳観念と思われていますが、私はとんでもない誤解だと思います。というのは苦労や努力は、その背後に何らかの必要性があるはずです。必要は必ず利益や便益のフィードバックをともなっています。だからこれは経済観念であり、自己利益に応えます。場合によっては利己的動機につながります。俗っぽくいえば、得をするわけですから病みつきになっても不思議はありません。

この理屈に勉強がすっぽりと当てはまるわけですが、思えば、勉強がもたらしてくれる利益や便益は膨大です。勉強で培った知識は、たとえば仕事に結びついて目に見える金銭的利益をもたらしてくれることは珍しいことではないのです。

また、知識や能力が評価されて、多くの人から尊敬されたり畏敬の念をもたれたりして目に見えない栄誉も与えてくれることも少なくありません。勉強に隠されたこの喜ばしい内容を理解すれば、勉強の苦労は自然に「病みつき」になってもおかしくありません。もちろん、この場合の快体験は頭にも身体にも有益ですから、大いに歓迎すべきものです。

## 勉強は「身につけた者勝ち」である

最近、しきりに学力低下が問題視されています。専門家の間でも学力論争が盛んですが、最近になって、多くの教育学者たちが学力とは、「学ぶ力」のことだと主張するようになり、要するに学ぶ意欲や将来学び続けるようになる力が大切なのだといっています。そして、そういうものは、現在のペーパーテストでは測れないのだとも。

これは、耳には聞こえのよいものですが、私は、こうした精神論的な話では結果に結びつかないほうが多いのではと危惧します。学力とは、基本的に学習によって得られた能力であり、結果として学業成績で表される能力のことですから、議論が精神論や人間論にシフトしてしまうと的外れになりかねません。極端な表現に聞こえるかもしれませんが、もっとドライにとらえてみてはどうかと思います。

世界的に見ても、学力というものは、やはりペーパーテストで測るものです。だからやる気とか意欲あるいは心がまえなどのような漠然としたもののことを指すことはまずありません。いかにして学力を身につけるか、もっとプラグマティックにとらえないといけないのです。

では、どうするかですが精神論をとやかくいうよりも、勉強に対する態度を変え、勉強法を変えたほうがいいでしょう。たとえば、参考書であれビジネス書であれ、ただやった、ただ読んだということに満足するのでなく、何を覚えたか、あるいはその本のなかの何について実際に語れるのか、といったことをチェックしてみるといいのです。

もし、内容を覚えていないで、実際に語れなかったら、学力は身についていないと解釈するのです。成績が上がっていないのに心のなかに勉強についての大切さが染みついたなどといっていては、何も始まりません。すなわち精神よりも、結果や実用性という面から学力の有無をとらえ直すわけです。

## 実用に活かせてこそ学力の価値がある

世の中にはよく本を読んでいて、教養が高い方がいます。プライベートな場で雑談風にフリートークで話してみると、素晴らしい蘊蓄《うんちく》を披露してくれます。これはこれで素晴らしいことですが、いざ、話題を限定してビジネスにどう活かせるのかなどと実用度の高い話をするという場では、せっかくの能力が発揮されないことが多いのです。

無理もありません。この両者では、要求されるレベルや必要度がまったく違うからです。気楽に知識や教養を楽しむために聞く話と必要性を感じて微に入り細《さい》を穿《うが》って吸収しようとして聞く話では、その理解の深さや知識の程度に大きな相違があり、要求される話の完成度にかなり差があるのも当然のことだからです。これは、単なる「物知りレベル」と「プロとしての知識や教養を備える」の差があるからです。

勉強するのなら、どこかに有形・無形の利益や便益のフィードバックがあるようなレベルにしようとしてやらないと身につかないのです。たとえば、受験生であれば、模擬試験で実際に解答が書け、また社会人であれば、勉強した知識が実務に活かせる……これが勉強には欠かせないのです。

勉強によって、実際の場で活かせる知識や教養を身につければ、必ず身を守る糧になるのです。昔から「芸は身を助ける」といいますが、これは単なる「物知り」レベルではなく、現場で活かせる知識や教養の重要性を伝えているのです。

# 受験勉強にみる落とし穴は……

## 受験勉強事情をウォッチする

勉強について、一般の人々の関心が高まったのは、高度成長が軌道に乗った時期だったと思います。つまり一九六〇年代でしょうか。この年代は、経済の高度成長の一方で産業構造が変わりました。

それ以前は、半ば農耕社会的な形で世の中が動いていて、何かの商売を始めるにしても親の後を継いで町工場を経営するにしても、それほど高い知識や教養を要求されることはありませんでした。プロである親を見て育てば、多くの知識やノウハウが知らず知らずのうちに身に備わったのです。いうならば知識やノウハウの面でも「世襲」は通用したのです。

しかし、その後はこの「世襲」が崩壊しました。サラリーマンとして成功するにも、また町工場の社長として実績を上げるにも、高い学力や知識・教養が身についていないと、取り残されてしまうことになり、それが社会風潮として定着したのです。

高い知識と教養という内容の問題のほかに、高い学歴がないと大企業に入れず、出世もかなわないという形式的な考え方が蔓延しました。そんな不安や強迫観念のもとに、学歴社会がエスカレートしたのです。最近は少子化のため、相当この傾向が緩和しましたが、この流れは基本的に最近まで続きました。

## 勉強への「トラウマ」が危険だ

一九六四年から六五年あたりに、戦後のベビーブーマーたちが大学に殺到しはじめました。もともと前述のような理由で大学進学熱が高まっていたので、この競争相手の激増は過酷な受験戦争を生み出します。

この時期には、もはや貧乏で大学、少なくとも国立大学にいけないというのではなく、競争相手が多くて難関だから希望の大学に入れないことになりました。勉強の必要性が常識化したといっていいでしょう。激しい受験競争のなかで勝った人と負けた人がはっきりでてきてしまいます。

もちろん、勝った人は問題ないでしょう。国立なら東大や京大、私立なら早稲田や慶応あるいはコースなら医学部など、いわば勝ち組なら勉強がやればできるものと素直に考えられるでしょうし、仮に、そのときの勉強がつらいと感じていれば、子どもをしかるべき大学の付属に入れてやろうと考えるかもしれません。いずれにしても勉強に対する錯綜・屈折したコンプレックスは抱かないはずです。

問題は、負けた場合です。それらの人のなかには、勉強は素質ではないかと思う人が増えてもおかしくありません。負けた自分の努力や勉強のやり方に問題があると思うより、人間としてあるいは生物的な素質の優劣があると思い込んでしまうのです。しかも、実際に負け組のほうが圧倒的に多いのです。希望した大学にいけなかった、という思いが勉強に対する恐れや劣等感をともなって、一種の「トラウマ」(心の傷)のようになって、心に残り、今後の行動やものの考え方に影響を与えるのです。これは、勉強そのものに対する拒否反応を本人に植え付けることもあり、社会人になって以後も、マイナスの影響を与えかねません。

## 昨今の学力低下の背景には「親の挫折」がある

一九九〇年代から、子どもたちの学力低下が教育関係者を中心として問題となりました。それ以前にも日東駒専ブームといって、東京のマンモス私大の偏差値が急上昇した時期があります。これらの学校の偏差値は急上昇しましたが、合格者の最低点には大して変化がありませんでした。つまり、受験生全体の学力が下がっていたのです。その背景には、日本は豊かなので、無理をしてトップ校に入らなくてもいいのではないかと考える親や子どもが多くなったことが影響しています。

この頃から、適当な学校の付属に入れて大学までエスカレーター式に卒業して適当な会社に就職すればいいと気楽に考える親が増えたようです。こうした事情が引きがねとなり、親が子どもの教育に力を入れなくなった。それが学力低下を促しているといってもいいと思います。

そこに見られる問題点は、子どもに対する諦めだけでなく、親である自分自身に対する諦めをもった人が少なくないのです。この親たちは、かつて若い頃の受験戦争で希望した大学に入れず負け組意識があり、それが尾を引いているケースが多く見られます。

いうまでもなく、そうした人々のなかにも社会で成功を収めた場合も多いのですが、日本における多くの企業が比較的、学歴を尊重したために冷や飯を喰わされて、特に大企業に入った人の場合、逆転のチャンスに恵まれなかったという事情があります。これらは熾烈な受験戦争が残した「負の遺産」といっていいでしょう。

しかし、その時代は、勝ち組も負け組みもみんな真剣に勉強したのです。そんな彼らは高度成長の担い手であり、大学にいかなかった人でも、たとえば高卒の工場労働者は世界的に屈指の優秀さが評価され、日本の工業製品のハイクオリティーのバックグラウンドとなったのです。そうした意味では、日本の教育は、全体として間違っていたわけではなかったのです。

# 学歴にかかわりなく勉強しないと素質がつぶれる

## エリート幼児はなぜ大学受験にてこずるのか

先に、受験戦争の負け組のなかに、勉強は素質による、と考える人が多いという話をしました。素質とは遺伝要素が濃厚で、努力では手に負えないと思いがちになります。逆にいえば、子どもの頃から英才教育をしてエリートに育てれば、その後もエリートとして育ち、未来は明るいと思い込むものです。

しかし、エリート幼児がいつまでも優秀かというと、必ずしもそういえないところがあるのです。たとえば某有名私立K大学の付属小学校がありますが、この学校に入る子は、同年齢層ではおそらく日本で一番、頭のいい子たちではないかと思います。なにしろ競争率は、かつて一〇〇倍を超えていたときもありますし、最近は学力テストを廃止しましたが、かつては試験問題のレベルも群を抜いて高いのですから、粒ぞろいの秀才に違いありません。

しかし、年を重ねて大学入試のときはどうでしょうか。結論的にいえば、その付属小学校に合格した人たちは高校三年段階になると、推薦入試でもK大学に合格しないケースも珍しくありません。そういう子たちが実際どこに受かるかというと、文字通り、かなり低レベルで低迷してしまうのです。もちろん、東大や六大学などは問題外のレベルの学校です。

なぜ、そうなってしまうのかといえば素質がないからではないのです。勉強する習慣が身についていないからです。見方を変えれば、素質というのは、その程度のものなのです。素質などというものは、勉強しなければ錆びついてしまうものなのです。K大学の場合、エスカレーター式に高校に行けますから、入試を体験しない。学校そのものにも入試に対するノウハウが蓄積されていないせいかもしれません。その意味で考えれば、入試といういわば人生の節目を活かして勉強の習慣をつけさせるのはあながち捨てたものでもないのです。

## エリート家系も素質論は通用しない

妙な言い方を許してもらえるなら、エリートの人たちは昔からとても忙しいもののようです。当然といえば当然で、それぞれ一般の基準より高めの社会的地位にいるわけですから。たとえば両親が東大などの場合、子どもが意外に勉強が苦手になることが少なくないようです。なぜかといえば、親が忙しすぎると、子どもになかなか手をかけられません。そういう子どもたちは本来ならば優れた素質をもっているはずなのに、結局、学力が伸びないことが多いようです。

たとえば、東大出の著名な政治家や財界人の子どもが、どこかの大学の付属校に入学したり、それほど一流とされていない大学に入ったりするケースが多いのは、そうした例です。やっぱり子どもの頃からしっかりと手をかけられたほうが、結局学力が伸びるのです。

ちなみにかつては親も東大、子どもも東大という家系がありました。たとえば、今の民主党党首の鳩山さんとか。ただし、アメリカでもハーバードやエール大学などに親子で学ぶというのは、話が別です。これらの学校は私学なので、寄付金や子弟枠でけっこう入学できてしまうからです。いずれにせよ、代々東大という家系ではやはり子どもの頃から教育に手間ひまをかけ、勉強の習慣をつけさせていたのです。しかも昔はお金がないと大学どころが、中学すらいけない時代でしたから、教育熱心な家庭は東大合格には非常に有利な位置にいたのです。

しかし、そうした代々東大生というケースは、受験が大衆競争の時代に入ってからはめっきり減りましたね。その理由は、勉強は素質にあまり関係ないからです。素質で勉強ができるのなら、楽なものでしょうが、そうは問屋が卸さないのです。

## 勉強には、隠された秘訣がある

私は、神戸の灘高校にいたのですが、同級生が

「東大の社会科の入試問題は論述式で細かい歴史年代の暗記などはいらない。だから歴史背景を語ってくれる新書を読んだほうが得点できる」

などといっていました。私は理系だったので、そのノウハウを利用しませんでした

が、灘高にいけなかった弟にそのハウツーを教えたところ、その学校開校以来二人目の東大文Ⅰ（法学部進学コース）現役合格者になりました。

受験も情報戦です。そのおかげでムダな勉強に時間をさかずに効率的な勉強ができました。だからでしょうか、東大を目標としている受験生は、傾向の異なる大学が意外に苦手なのです。たとえば、東大は受かったけれども、問題傾向が異なる早稲田や慶応を落ちた例をよく耳にします。

要するに、受験というものはテクニックなのだと思うのです。こういうと勉強というものについて誤解をまねくかもしれません。ご注意いただきたい点は、がむしゃらにやるのでなく、周囲の状況を把握しながら、対処法を考えることは、大人の世界でも、ビジネスの分野でも、さらに人生観としても大切だと思うのです。大げさにいえば、仕事に対する考え方、個人としての生き方として注目しているのです。

仕事に関してみれば、最近、ビジネスの世界で「スキル」と「コンピテンス」ということがいわれています。これについては、ご承知の方も多いと思いますが、これからは単なるスキルだけでは、的確な対応はできないように思います。

たとえば、サッカーなどでドリブルなどボールの扱い（スキル）が巧みでも、不利な位置にいる味方選手にパスしたのでは、ゲームを有利に展開できません。そこで、味方にとってより有利な位置にいる選手にパスしなければなりません。そのためには自分が置かれた状況を分析し、どのような行動をとればムダがなく効率的か、頭で整理しなければならないのです。この状況把握能力がすなわち「コンピテンス」ではないでしょうか。

このコツをつかめば、素質のことなどはほとんど考えなくても、自らのもてる能力を有効に発揮することができるのです。

# 読書一つにも一工夫しよう

## 乱読を甘く見ないほうがいい

一般に勉強ができるという場合、おそらくその人は方法を心得ているからだと考えて間違いないでしょう。要するにコツを知っているからです。ここで勉強にとってきわめて重要な読書について述べておきましょう。

私は、勉強には、やり方（方法）があるといいましたが、もちろん読書にも方法があるはずです。

最初からガッカリさせて申し訳ないのですが、実は、読書には要領のいい方法はないのです。その代わり、楽しめる方法ならあります。どうするかといえば「手間・暇」をかけるのです。こういうと皆さんは、重ねてガッカリされると思います。

これも某歴史家の受け売りになりますが、中国の歴史書『史記』を著した司馬遷は読書法として「精読する一書と乱読する多くの書を脇におく」ことを念頭においたそうです。この話を聞いて皆さんは、おそらく「精読する一書」に手間暇がかかるとお考えでしょう。

しかし、種を明かせば「精読する一書」というのは、強いていえばややスキルに近いもののように思います。周りの状況などは無視して没入できる。これに対して「乱読する多くの書」は、手間暇がかかるのです。

読書では意外にこの乱読が大切なのです。乱読という言葉から受ける印象はいかにも気楽そうですが、実は、多くの書を乱読してこそ広い知識を得て、状況を把握する手段として有効なのです。問題意識を広めにとって、先ほど述べた「コンピテンス」を身につける糸口をつかむためのキーになるかもしれないのです。

ただし、乱読の場合は、私は一冊全部を読む必要がないと思っています。必要なところだけを読み、そこに関しては何度も読み返して、自分の頭に叩き込むほうがはるかに「コンピテンス」に近づくものです。

## 読書ではアンダーライン、できれば読後レポートを作る

読書でいつも気になることは、何かの知識や教養を身につけるような方法をしているのかということでしょう。たとえば、毎週何冊も中身の濃い本を読んでいて、でもその割に何も身についていない場合、本人にとって不快な気持ちがつきまとうと思います。

そういう人に聞きたいのですが、ではあなたは本を読んだ後で、同じ本をもう一度、読んだことがあるのだろうか……と。同じ本を二度読めば、それだけで理解の度合いとか頭への残り方が違うのではないでしょうか。あるいは興味をひかれた個所にアンダーラインを引いたり、付箋をつけて、仕事などに使えそうな部分をコピーしたり、切り張りしたことがあるかないか。さらに読書の後にレポートを作ってみようとかしたことがあるかないか。

あるいは、本から何か実践的な知識とかノウハウを得たいと思うのならば、最低、その程度の努力は必要でしょう。関心の度合いに差があるにしても、せっかく興味を

抱いて手にした本なのですから、何かを頭に残そうという粘りっけのある発想がほしいものです。喩えはよくないでしょうが諺にも「転んでもただは起きぬ」といいます。この諺は読書にこそあてはまりそうです。

もっと気になることは、わからない言葉や概念があったとき、読み飛ばしてしまうことです。日本語の本の場合、何となくわかったような気がするだけに要警戒です。大切なことは、そのときに辞典や現代用語集などで、ちょっと調べる癖をつけたりすることです。人に質問してもいいと思います。読書に関していえばズウズウしいくらいがいいのです。

英語の本ならば、わからない単語を目にしたら辞書を引く癖をつけやすいかもしれません。日本語以外の本を読むのは、頭の訓練として大変に優れた方法です。単に文の作りが違うということではなく、外国語ゆえにわかったつもりにならずに読もうとするからであり、それに関連して論理的発想が養われるからです。

一番、怖いのは、難解な内容のものを読んでいて論旨や書いてある内容が理解できたつもりになることです。これにはくれぐれもご注意いただきたいと思います。わかったつもりになっていますから、読み飛ばすことに何の抵抗もありません。不思議なことに、そうしたときは頭に何も残っていないのです。

理解をしないと記憶の入力がうまくいかないのは、記憶の心理学の鉄則です。やはりわからないと頭に残らないのです。

# 頭を良くする心理学へ招待しましょう

## 脳におけるソフトに注目しよう

勉強のために頭を良くするためにも理論的な裏づけがあるに越したことはありません。そのために私が最近、一番拠り所としているものは「認知心理学」という分野です。認知心理学という言葉に耳慣れない方も多いと思いますが、もちろん心理学の一分野ですが、単純にいえば人間の情報処理プロセスを研究するわけです。もっとわかりやすくいえば脳のソフトを研究する学問で、勉強にとっても、また心理学の面からも無視できないテーマを扱っています。

今まで、脳についてはハードの研究が多くなされてきました。たとえば脳にはどんな食べ物がいいだとか、脳の働きを活性化させるために、どの程度の睡眠時間が適正かといった研究成果は数多くあるのです。そうしたいわば「ブレーン・サイエンス」は日本のみならずアメリカでも盛んですが、一方のソフトを研究しないと、本当の意味で脳活動は解明されないのです。

たとえば、クローン人間が出現した場合や一卵性双生児の場合、仮に、まったく異なった環境で育てられて、お互いに相手の存在を知らないまま一〇年後、二〇年後にポッと出会ったとしましょう。

生まれて以来、別の家庭で育ち、食べ物も習慣も違うはずです。にもかかわらず、遺伝子がまったく同じなわけなので、目鼻だちや体形などがあまりにも似ているので、お互いに仰天するでしょう。似た病気にかかりやすいといった共通点が見られるなど、そっくりに育つ例が多いのです。

では、相違点はないのかといえば、やはりあります。その最たるものが脳の中身なのです。脳は遺伝的資質より後天的教育に多くの影響を受けるのです。たとえば、脳の素質は同じでも片方の親が猛烈に教育熱心で、もう片方の親が教育に無頓着ならば、学力に差が生まれます。また育ったときの人間関係でも性格への影響度が異なりますから、それが性格の相違として表れるかもしれません。そこに脳のソフト研究のテーマが潜んでいます。もし、あなたがそうした立場にあるのなら、ご自分で検証されると、面白い結果が得られるかもしれませんね。願えることなら、私の述べたことへの異見を含めて、その結果を教えていただければありがたいと思います。

脳のソフト研究については、日が浅いということがあるので、仮説が多いのです。これはやむをえないことで人体実験ができないし、脳を人工的に作ることができないということもあるでしょう。

ただし、倫理に抵触しない実験、たとえば試しに時期を限定して暗記だけさせて、もう一方の群は暗記量が少ない代わりに理解できるような入門書を読ませて、そのテストの成果をデータ化するなどという手法です。これらの実験で得られた結果を勉強に応用することは、ある程度は可能かもしれません。

## 心理学って勉強に応用できるのか

私は、職業柄、長年にわたって心理学を研究しているわけですが、それは「臨床心理学」というもので、診断のために相手にテストをすることも含めて簡単にいえば臨床すなわち精神科の治療や心のケアに役立てる目的で使います。基本的に人の脳も他の臓器と同じですから、胃が胃潰瘍にかかるように、脳も病気になることがあるのです。損傷個所や痛みの度合いで治療法が違います。

ただ、脳の場合は、出血や脳腫瘍のように脳そのものの病気の場合だけではありません。脳のソフトの故障を扱うために、この臨床心理学が必要なのです。そのために、患者さんのアセスメントが必要になります。すなわち性格だとかタイプ、人柄などを評価するものです。具体的にはテストなどを行なって症状の度合いを調べます。この結果次第で治療法に大きな差があるのです。

もう一つの心理学の流れが「実験心理学」で、先にいった「認知心理学」はそのなかの一つです。

実験心理学というのは、犬を実験台にしたパブロフの実験がそうですが、よく行なわれるものは犬でも猿でもいいのですが、たとえばボタンを押すと餌を与えるようにしておくと、犬（あるいは猿）がそれを覚えて、ボタンを押すようになります。早く押せば優秀なわけですが、押すまでどれだけ時間がかかるか調べたりします。さらにそれを複雑にして、今度は迷路を突破したら餌を与えるようにして、それができるかできたら報奨・できなかったら罰を与えたら、彼らはどう反応するか、といった実験をするのです。

人にも実験可能で、たとえばタバコを吸う人と吸わない人を集めて、両者に課題を与えて、どの程度の学力差があるのかをデータ化したりします。たとえば、東大生を五〇人集めて、タバコ派と禁煙派半々で、それぞれに「世の中でタバコ好きの人はどのくらいの割合か」というアンケートをとるわけです。

するとタバコ派はタバコ好きが多いという結果がでます。禁煙派は、禁煙派が多いと答えることでしょう。この結果から、人というものは、自分の立場から物事を推論することが確認されます。すなわち無意識のうちに推理が歪められてしまうのです。こうした心の動きをまず数字にでる形で明確なものとして、そのメカニズムを科学的に解明するのが、心理学の骨子でしょう。

## 人の同調効果は、注目に値する

勉強は、いうまでもなくビジネスやスポーツでも必要不可欠ですが、習慣と環境によって大きな影響を受けます。勉強の習慣性についての利点はすでに述べましたが、環境の利用価値についても関心を向けてほしいものです。極端な表現を許してもらえるなら、勉強に好ましい環境ならば流されてもいいものです。最近の教育心理学でも、周囲の環境が、本人の勉強の動機に与える影響を重視しています。

ご承知のように人は社会的動物ですから、他の人や集団に同調しやすい性質をもっています。集団と環境には、オーバーラップした面があります。もし勉強にとって勉強を好む集団の影響が利用できれば、それに同調してしまえば、おのずと勉強の能率が上がるはずです。

たとえば、イチローには子どもの頃から野球の素質があったと思いますが、その彼には小さなときから、チチローがいて、野球についてものすごく勉強させ、かつ精神に及ぼす効果があったから、あんなに才能が開花したと思うのです。仮にチチローがいなかったら、中学か高校ぐらいに野球部に入って、猛練習（猛勉強）したとしても、ただの上手い選手で終わったかもしれません。

彼は、ドラフトでも五位か六位の指名でした。だからチチローがいなければ、プロの世界に入っていなかったかもしれません。仮定の話にすぎないといわれそうですが、そういう可能性はありえたのです。おそらく今日のイチローがあるのは、チチローの存在をはじめとした環境効果があったからではないでしょうか。これは単に運の問題ではなくチチローや周囲の応援者、あるいはチームの環境、そして現在は大リーガーへの同調効果があって、それが名選手への道を歩ませたのです。ですから、一つひとつの成功は偶然ではないのです。

## 同調効果を勉強に活かせないか

勉強でもこれと同様のことがいえると思います。

最近、日本から連続してノーベル化学賞の受賞者がでましたが、彼らの子どもの頃からの勉強環境は、ずいぶんと興味深くそれぞれにユニークです。今だからいえることだ……とはいえ、すべてが後知恵の作り話とは思えません。やはり周囲の人や環境との同調効果が働いていると思います。

社会心理学で、アッシュという学者が一九五〇年から行なった有名な「同調実験」があります。

実験は非常に単純で、まず被験者に一本の棒を見せます。その後に三本の長さの異なる棒（A・B・C）を見せます。そのうちの一本（C）は最初のものと同じ長さです。そこで被験者に「同じ長さの棒はどれですか」と質問すると、被験者が一人のときは九五%が「C」と正しく答えます。

ここで、わざとサクラを何人か連れてきて、「実は同じ長さの棒はBだ」とカマをかけます。すると「そうか、本当はこれ（B）が同じ長さなんだ」とついつい信じて、ひっかかっちゃうのです。結局、三〇%ほどの人が「Bと同じ長さだ」と答えます。これは他の人の意見に影響を受けるわけです。

これを勉強に応用してみてはどうか、ということですが、勉強の場合はイチローの場合のチチローのように、他の人が敬意を抱いている人や学力のある人たちを周りにおいて影響を与えるようにすれば、少なくとも三割程度の方に勉強意欲をもたせることになるはずです。本当は棒の長さよりテーマがあいまいで説得しやすい内容なのでもっと同調させることが可能でしょう。こういうとタネ明かししているようですが、知識が身について本人にとって得な話であるわけですから、上手い手ではないかと思います。

## 脳の情報処理プロセス＝知識を整理・応用する

実は、脳の情報処理プロセスは、認知心理学の本丸であり、勉強そのものにかかわる大テーマです。この分野の研究は、最近になってパソコンのソフト入力の詳細が解明されはじめて以来、急速に発達してきました。

認知心理学は、人という生き物が知識を活かして問題を推論するものという前提があります。頭のなかにインプットされた情報は、すべて知識といっていいものですが、それは未整理のまま雑多なものにすぎません。

歴史年号を覚えるのも、上司の癖を知るのも、仕事でセールス・トークを暗記するのも、魚料理の隠し味の知識も、あるいは物知りレベルの雑学であれ、すべて知識であることに違いはありません。このように、知識というものは、ややもすれば切れ切れで断片的なイメージがあります。もっているだけでは宝の持ち腐れです。さらに単に情報を得るだけなら、今やインターネットでいくらでも入手できるではありませんか。認知心理学の世界では、思考、つまり問題を解くための推論に使える知識を重視します。私は、このような知識を真の知識と呼び、まだ未整理で推論の材料に使えない、インターネットで検索した内容のままのような知識を情報レベルの知識と呼んで、それとは分けて考えています。

つまり、それらの雑多な知識を、特定の目的のために、関連性のある文脈にあてはめて、それを応用することが本来的な脳の情報処理の姿なのです。

たとえば、肉料理を作るときに、魚料理の隠し味の知識を整理・応用すれば美味なものが作れるかもしれません。また鯛を料理するときのコツを知識としてもっている場合、それをヒラメやカレイなど他の魚料理に応用してこそ、知識は存在価値を高めるのです。

諺にも一芸は多芸に通じるといいますが、たとえば、和食料理の達人がイタリア料理の前菜を作ってみようとしたときに、和食の知識を整理・応用すれば素晴らしい和食風のアンティパスタを作れるかもしれません。逆に、和食の料理人がイタリア料理を食べにいって、たとえば「バルサミコ」のようなイタリアならではの素材を調味料に使ったら美味しいのではないかと思いつくかもしれません。さらにあんきもとキャビアを和えたらどうなるのかなど。こうした試みは、とても面白く興味をそそられるわけですが、考えてみれば、新アイディアといわれるものの背景には、脳による情報処理が介在しているといってよいのです。

## 方法をマスターしたものが勝ちをしめる

営業を経験されている方なら、よくご承知かと思いますが、たとえばこの三カ月でこの商品の売り上げを二倍にしろ、と上司からいわれたとき、まず何が頭に思い浮かぶでしょうか。

おそらく多くの方は、すぐにそれが可能か否かを計算するかもしれません。その場合に気をつけていただきたい点は、あなたがもっている営業知識をどれだけ整理・応用できるか、その準備が整っているのか、自己チェックしてみることです。

世間では「やれるだけのことをやって、できなければそれは仕方ない」といいます。ただし、「やれるだけのこと」の中には、今述べた整理・応用によって、予想もしていない可能性を発見できることが含まれています。

そこで、商品について考えてみましょう。

もちろん、一口に商品といっても、さまざまです。たとえば、安くすれば売れるもの。手にとらせたほうがいいもの。その場で試してもらったほうがいいもの。あるいはチラシ広告の効果がどのくらいあるのか。商品の品質や性能がいいから人気があるのか。商品そのものより、メーカーが信頼されているのか。コンビニで一番目立つ場所にあるから売れるのか。また「ユニクロ成功の秘密」みたいな本を読んで、そのなかで使えそうな考え方や手法を利用してみるということでも、勉強の成果を応用することになるわけです。

これらのことは、日々の仕事のなかで結果がデータとして保管さるだけでなく、経験された方の脳に知識として集積されていることでしょう。これらの知識を活かすかムダにするかは、知識の量ではなく、それを活かす方法にかかっています。知識そのものをやたらに覚えるのでなく、知識を活かす方法を学ぶことが今こそ求められているのです。

自分の経験したことのないものを試しに使ってみたりすれば、既成のやり方の限界や欠点が自然に見えてくるかもしれません。このように知識を用いて推論や試行錯誤を繰り返すことができれば、新たな問題解決が生まれてくるというのが、認知心理学的な思考に対する考え方なのです。

## 極端なプラス・マイナス思考から自由になって推論の幅を広げよう

ビジネスの世界ではプラス思考が好まれるようです。弱気よりも強気なら希望が湧いてきそうです。物事を悲観的・消極的に考えるのでなく前向きに積極的に考えるほうがよさそうに思えます。心理としてはまことに歓迎すべき発想といってよいのかもしれません。

しかし、勉強に関していえば、プラスであれマイナスであれ、思考の方向性を限定することは好ましくありません。理由は単純です。思考の幅を狭めてしまうからです。問題はプラス思考かマイナス思考かが大事なのではなく、推論の幅をなるべく広くとっておくことが重要なのです。たとえば、新規事業に投資しようというとき、これからの景気が上向く可能性がないとわかったらどうしたらよいか。仮にプラス思考なら最初から投資を前提にして計画をたてるでしょう。否定的な面を無視してしまうかもしれません。逆にマイナス思考の場合は事態を悲観的にばかり考えて及び腰になります。いずれにしても偏った結論に流れかねないのです。

もし、推論の幅を広げて考えれば、厳しい情勢だからこそ他社が投資せず競争相手が少ないだけ成功の可能性が大きくなると考えるわけですが、一方で、失敗して投資が回収できない危険や借入金を増やすリスク、内部留保が減る不安、さらに売り上げが上がらない可能性などを検証することになります。プラス思考にこだわるだけでなく、プラス思考とマイナス思考でできた推論の両方を検討したうえで、一番、適正なものを選べばいいわけです。判断を誤らないために、他の人とディスカッションをしてもいいと思います。

気をつけなければならないことは、人という生き物が周囲の経済環境や社会ムードに影響されやすい性質をもっているという事実です。落ち込んでいるときにプラス思考はなかなかできないし、浮かれているときにはマイナス思考は論外の話になります。それに経済情勢をプラス思考のみで勉強（あるいは分析）したら誤った結論を導きかねないことは、誰にでもわかることです。しかし、バブルの際にはそのような過ちを犯してしまい、逆に現在ではまったくプラス思考ができなくなっている経営者やエコノミストがたくさんいるのです。

# 勉強ができるようになるために、「認知心理学」を使ってみよう

## 頭を良くするために、まず自己モニターしよう

勉強の目的は原則的に知識を増やし、思考力を豊かにすることです。この点で、認知心理学の方法論には使えるものがたくさんあります。

認知心理学では、蓄積した豊かな知識を活かして幅の広い推論ができて、いろいろな分野の問題解決ができる人のことを頭がいいというわけです。しかし、知識にしても推論にしても、自分の立場や感情、あるいは既成の知識などによって偏ることが意外に多いことが知られていますし、周囲からの同調の影響を受けやすいこともわかっています。その弊害を受けないために認知心理学の知恵をかりると有効です。すなわち、皆さんがご自身の知識の偏りに気がつくとか、推論が周囲の影響や自分の感情に

動かされていないかを検証するための自己モニターが求められるのです。

自己モニターをするときに気をつけたいことは、たとえば自分には素質がないだとか、現状ではどうしようもないなどという、変えようのない短絡した結論を引き出して、簡単に片づけてしまうことになりがちなことです。これは好ましくありません。強いていえば、今までのやり方が間違っていたとか、知識の習得の方法が的外れだったのではないかといった結論にたどり着くほうがまだマシということです。

もう一ついえることは、勉強をしている割にそれを活かせないだとか、本をたくさん読んでいるつもりだが仕事に活かしきれない、知識が残っていないなど、マイナス因子に気がついていれば、それは好ましい傾向といえます。つまり、有効な解決策が見つかっていないだけの話で、問題解決の方向をつかんでいるからです。

## 「メタ認知」に注目しよう

自己モニターとは、これは自己の認知パターンを認識することで、認知心理学では専門的に「メタ認知」と呼んでいます。メタ認知というのは、一口でいえば、問題解決のさいに、自分の能力や知識の状態とか認知パターンを分析し、自己の能力範囲について新しい「気づき」を得るような認知のことです。

いいかえれば、メタ認知をした結果、与えられた課題について既存の知識で問題を解決できるかどうかが見えてくるのです。それがわかったさいに必要とされる未知の領分に対して新しい勉強を始めることになります。新しく始めた勉強の過程で、自分の能力についての新たな発見と覚醒があるわけです。

たとえば、会社から新製品開発の課題を与えられたとき、課題にとりかかる前に自分の能力と認知パターンを分析し、何ができて何ができないか、改めて見極めるわけです。たとえば、自分は今の立場にとらわれすぎているとか、上司や同僚の意見に振り回されやすいから気をつけようとか、既成の知識にこだわりすぎているとか、従来の製品開発そのものについての知識は十分あるけれども、販売あるいは売り上げを伸ばすための知識が不足しているといった見極めです。だから必ずしも新しい知識を増やすことではないのです。まずは、自分の中で解決すべき問題点を見つけ出すことから始めることが大切なのです。

## 勉強における重要な心得とは

メタ認知が登場したところで、私は勉強におけるいくつかのキーポイントに触れておこうと思います。これは推論の幅を広げるうえでも重要ですし、認知心理学をより効率的に利用するためにも大切です。

勉強のために、通常まず考えるべきことは、知識を増やすことです。次の段階ではそれらの知識を活かして推論をし、発想を広げていくことが想定されます。その後に、推論し、広がった発想について、しっかりと自己モニターをしてみるわけですね。それが先に述べたメタ認知に類したことであったり、不利な要素を減らすことであったりするわけです。

以上のことは自分自身の問題ですが、さらに、忘れてはいけないことが他人の優れた頭脳や勉強の知識を利用することです。すなわち自分に知識が足りないのなら知識をもっている友人に聞けばいいのです。

たとえば、マイナス思考に引きずられて悲観的な見方しかできないと思っているのであれば、プラス思考の他人と意見を交換してみれば、新しい発想や知恵をつかめるかもしれない。このような形で自分の問題点を心得ているのなら、解決は他人に頼っても問題はないのです。

## メタ認知からさらなるステップへ

メタ認知については、おおよそ三つの段階があると考えられます。

第一段階は、いわば「メタ認知」的な知識をもつことです。

簡単にいえば、自分の能力状態をどのくらい知っているかということです。たとえば、自分は、数学的な発想や考え方に関しては得意だが物覚えが悪いとか、A分野は精通しているがB分野は無知に等しいとか、また機械知識については誰にも負けないが販売に関してはからきし弱くて人と話もできない。要するに、自分の性格や資質をどの程度わきまえているかです。

もう一つのメタ認知的知識は、自分でなく人間一般における傾向について知っていることです。これは、それほど難解なことではなく、たとえば、気持ちが落ち込むとついつい悲観的になりやすいとか、愛煙家はタバコ好きを大目に評価してしまうものだ、また人間は多数の意見に同調する傾向があるといった知識です。要するに人間というものについての応分の知識を備えているということです。

第二段階は、第一段階の知識を使って自己モニターすることです。

ある問題で行き詰まっているとき、その解決のために自分の知識は足りているのかどうか。もう少し勉強したほうがいいのだろうか、自分がダメと思い込んでいるからいい発想が思い浮かばないのではないだろうか、人間は落ち込んでいるときに悲観的な発想をするというが、今の自分はそういう状態になっていないだろうか？　そういった自問をしながら自己モニターしていくのです。

## 自覚して勉強すれば選択を誤らない

この自己モニターの活動については、人によりますが、無意識にしている方もいます。しかし、私は、それをはっきりと自覚して試みたほうが有効と思います。自分を知るための自問自答の習慣が大切です。自問自答のなかで、自分自身の足を引っぱっているマイナス部分に気がついてゆく。ここがポイントです。

誤解のないようにいいますが、この場合の自問自答には、哲学的な意味はありません。哲学者や宗教家が「自分のことを知るのは難しい」というのは、ある種の謙遜だったり、真理についての蘊蓄《うんちく》だったりするわけですが、私がいっているのは、できないことをできると思ってしまうとか、自分が既成の知識に縛られているのにそれに気がつかないとか、そのレベルの自己分析の話をしているのです。繰り返していえば、単純で即物的に自分にはこういう能力、こういう分野が得意だということをはっきりさせることでも十分な自己モニターなのです。

メタ認知が万能とはいいません。しかし自分の優れた面ばかりでなく、パワー不足の面を把握できれば、何をどのような方法で勉強したらよいかがはっきりわかります。その点からみて、自己モニターができるようになれば、自分の基本的な方向性を見失う可能性はぐっと減ります。

そのレベルに到達できた際の最後の課題が「自己コントロール」の確立です。

自己モニターの結果、自分が考えていることを修正したり、コントロールしたり、自分に足りない知識についての勉強を始めたりできれば、メタ認知の最終段階であるメタ認知的コントロールの段階に到達したといえます。ここまでの段階に到着できれば、頭がだんだん良くなってくる可能性は高まり、失敗の可能性もかなり減ってきます。

メタ認知を習得すれば、推論の幅も広がり、知識を得る方向性についても適切なガイドをもつことができます。結果的に判断がより妥当なものとなり、他の意見や風潮に煩わされる可能性も減り、そして何より自分の判断や思考に自信がもてるようになるでしょう。

# 今、頭がいいとはなにか考えてみよう

## タダの人になってからが勉強の本番

失礼を承知であえてたずねますが、あなたはご自分がどのくらい頭が良いか考えたことがあるでしょうか。そんなことを面と向かって質問すること自体、頭が悪いといわれるのがオチでしょう。

俺は頭がいいと人にいうことは愚かな証拠とさえいわれます。しかし、ここで思い直していただきたいのです。思えば、世の中には自分のバカさ加減に嫌気がさしている人が意外に多いのです。しかし認知心理学のメタ認知を重視する立場からみれば、そういう人はかなり頭がいい人です。

昔から「一〇（歳）で神童、一五（歳）で秀才、二〇歳すぎればタダの人」という名言があります。しかしこれはタダの名言ではありません。二〇歳を過ぎてタダの人になった段階こそ勉強の真価が問われるのです。

いうまでもないことですが、現在は激変の時代です。変化に対応する最も有効な方法は何でしょうか。結論をいえば、それは行動です。行動というと、肉体派を連想して頭は関係ないと思っているのなら、とんだ間違いです。頭そして頭が主役の勉強こそが最大の行動です。

見方を変えれば、勉強はすべて行動にほかなりません。人以外の動物でも、学習は行動の一環です。人も例外ではありません。にもかかわらず人の場合は、いつのまにか勉強が行動と切断されて、机に向かってあれこれ思い悩むことが勉強と思い込むようになりました。

これは単なる誤解にとどまらず、とんでもないマインド・コントロールです。

私が提唱する勉強は、最小の努力で最大の成果を上げることに尽きます。自己を知るためのメタ認知は、このマインド・コントロールの呪縛を解くことが一つの目的です。腹が減れば食事をしたくなります。これは本能でしょうか。私はそう思いません。それは生きたいという意思の現れです。これと同じように、頭が勉強を求めるのは、人間らしく生きたいという意思の現れに他ならないからです。

問題はそれを勉強という行動に変えられるかなのです。メタ認知にしても、実際にやってみないとその能力は高まりません。まずは動ける人間が最後は勉強の勝者になれるのです。

# 後　編

# 年齢で追う…勉強指南

勉強は、その内容も方法も年齢によって違います。同時に時代によってもかなりの隔たりがあります。子どもの英才教育はもちろん、受験から生涯教育にいたるまで、新しい時代に向かうアグレッシブな勉強法を考えてみたいと思います。

# 個人差の大きさに要注意――小学校時代

## 子どもの教育は暗記中心が世界の流れ

近年、教育学者や心理学者がいろいろな形で、子どもにとって好ましい勉強法を提言しています。こうした人たちの多くは、教育法に関するさまざまな仮説をたてていますが、その多くは個性を尊重し、創造性や自主性を重視したり表現力を高める教育が必要だと主張しています。

また、このような理論に基づいた教育をしたほうがよいと考えて、各国ともそれを実行してきました。とりわけ、アメリカのほかイギリスなどが、学者たちの意見や主張を盛んに聞いて、大胆な教育改革に乗り出しました。

教育についてのこの動きは、古くは一九六〇年代から始まっています。だから相応の実績があって当然です。しかし、残念ながら、そういう形で教育した割に学力がそれほど伸びなかったのです。もちろん、一部には天才みたいな人が出たのかもしれませんが、目に見える成果が得られなかったどころか、むしろ一般の子どもたちの深刻な学力低下が明らかになったために、結果的に方法を変える動きが出てきました。

その後、どちらかというと実践的な面で学力が伸びている日本の教育法が注目されたのです。その日本では、暗記やテスト中心の詰め込み的な教育の弊害が問題にされていたのですが、一九七〇年代の後半から八〇年代にかけて、多くの外国の専門家や教育関係者が日本の教育法を視察にきました。実は、彼らが関心をもち、目当てとしたのは日本の暗記やテスト中心の教育にあったのです。

最近、もう一つ注目を集めている国がインドです。インドはとにかく量をこなせばいいという勉強法をやらせているようです。たとえば、計算で日本なら「9×9」の掛け算までですが、インドでは「19×19」の掛け算まで丸暗記させています。このような国は世界広しといえどもインドくらいなものでしょう。そのインドでIT時代にとても強いソフト開発者が続々と生まれています。なぜインド人がこんなに数学に強いのかという疑問とともに、インド式の詰め込み教育は、意外にいいのではないかという見方も強くなっています。

そうした背景のもとで、実質的に成果を生み出して上手くいっている国に学ぼうという考え方が目立ちはじめたのです。多分、子どもの勉強法というものは、暗記や計算のトレーニングに重点をおき、宿題やテストなどの強制力を働かせてやるべきだという考え方が主流になったと思います。

## 詰め込み教育は意外に意味がある

おそらく子どもの時に、きちんとした詰め込み教育をすることは、意味があると私は思います。数学では思考力が大事だとか考える習慣をつけることが重視されるべきだなどという人が多いのですが、インドのように小さな頃から「19×19」の掛け算まで覚えさせるほうが、優れたソフト開発者が出るとすれば、理由がなんであれ、そうした掛け算を頭にインプットしたほうが意味があるという事実がわかるわけです。

もちろん、それは結果論だという指摘は理解できます。しかしインド式に比べて、思考力や自主性重視の教育では、数学に秀でた秀才・天才は、それほど多く出ていません。逆に数学が苦手になるケースがやたらと多いのです。

これに対して、「9×9」や「19×19」の掛け算を覚えさせると数学のレベルが全体的に向上します。素質や才能が明らかに乏しいと思われる子どもでも、計算がスラスラできるということですから、教育法としては優れているのです。

## 重要な点は全体的なレベルアップ

ただし、これは天才を生む法のような特殊なハウツーとは別次元の話です。天才というのは、もともとから才能に恵まれている人たちですから、何らかのきっかけで天分が開花するものです。確かにその天分の開花を邪魔するような余計な押し付けは好ましくないかもしれません。エジソンも学校に行き続けていればその才能を開花させたかどうかはわかりません。いっぽうで、その天分にあった課題との出会いの機会を作ってあげることが必要でしょう。イチローにしても、野球と出会わなければ天才を開花できなかったのではないでしょうか。ノーベル賞を取るような天才も、その学問に出会わなければ才能を開花させることはできないはずです。そのために多くのことを教えることは天才にチャンスを与えることにはなるはずです。ただそれは天才を生む方法とは違います。いくら天分が開花するのを邪魔しなくても好き放題にさせていては、天分がない人にはかえって好ましくない影響を与えるかもしれません。それと比べれば多くのことと出会えるようにいろいろなことを教えることは、天才でなくてもメリットのあることです。

いずれにせよ、一般向けの普通教育というのは、子どもの頭脳に継続的な形でさまざまな知識や数学的な知識やスキルを根づかせるのが本来の目的ですから、天才を生む方法とは違ったものになるはずです。

仮に、昔のアメリカのように自主性重視の自由な教育に変えたからといって、ではノーベル賞学者が出るのかといえば、それは非常に確率が低いのです。そういう賭けみたいな教育でなく、一定の素質しかない人たちの能力を全体として一定の水準にレベルアップするという点では、これまでの日本の教育はきわめて優れた方法ということができます。

戦後における日本の強みというのは、義務教育を修了していれば、たとえば工場をオートメーション化したときでも、生産システムをオートメ化してロボットのような機械を導入する場合でも、ちゃんと対応できたのです。均質的な高いレベルの教育を受けているので、生産ラインにおける、人の入れ替えに苦労しなかったのです。それゆえに、非常に生産性が高い工場を作れました。この意味で、日本の教育は大変に上手く機能していたのです。この点が諸外国の関係者の関心を誘ったのでしょう。

## 創造性や英才教育のネックとは

子どもの教育で思考力とか創造性を過度に期待するのは、多くの問題を含んでいると思います。一般論としては、歓迎されていますが、あえていえば創造性重視の教育は危険かもしれないという傍証はいくつかあります。たとえば、アメリカはこの方法を採用して以来、学生の深刻な学力低下に悩みましたし、青少年の自殺は三倍に増え、少年犯罪も激増しました。

少なくとも、これまでに上手くいっていた方法を投げ捨ててまで創造性を重視した教育を採用しなければならないのか。ひょっとして二、三人の天才を生むかもしれませんが、国民教育としてはいかがなものかと思います。親の立場で考えれば、ノーベル賞がとれるようになるかもしれない教育方法ですべての子どもを教育するということは、そうなれなかった際のリスクが大きすぎるといわざるを得ません。

同じような発想で、たとえば自分の子を芸能人に仕立てようと考えて専門の芸能学校に小さな頃から入学させるとか、あるいは子どもをイチローのような名選手に育てようとして、物心ついたときから野球を仕込むのと類似した発想です。これは英才教育と呼ばれるものですが、学者であれ、芸能人であれ、スポーツ選手であれ、途中までは上手く運ぶ確率は高いのかもしれませんが、最終的に目的を達成する確率は限りなく低いといっていいのです。仮にイチローの真似をした人が一〇万人いるとすれば、最終的に花を咲かせる人は一人いるかいないかでしょう。

もし、目的を達成できないとき、本人の行く末はどうなるのでしょうか。たとえば、小さな頃から野球しか能がない。限定された目的に一心不乱に突進していたわけですから、他の分野の知識はもちろんのこと、世の中の一般常識にも疎いのです。

とすれば、しかるべき職業につくことは、かなり難しいでしょう。俗にいうツブシがきかないわけです。これでは子どもの将来は限られてしまい、本人にとってきわめて危険です。

また自主性や創造性に期待して、あまり強制力の働かない教育も危険です。もともと勉強の好きな子どもはそれでいいでしょうが、ゲームなど誘惑の多い時代に、そんなことをしていれば、勉強の習慣のまったくない人間に育ちかねません。

## 子どもの記憶能力は、優れている

子どもは日々成長しています。当たり前の話ですが、ここで言いたいのは脳が成長していることです。最近、脳科学や記憶の心理学の発達でわかってきたことですが、人の記憶には二種類あるといわれています。

一つ目は、「意味記憶」と呼ばれるものです。簡単にいえば単純に暗記することです。ちょうど辞書のように記憶と意味が一対一の関係で、たとえば、ティッシュペーパーといえばこういうもの、カセットレコーダーといえばこういうもの、というように一対で丸暗記ができるものです。

もっとわかりやすくいえば、たとえば歴史年号でいえば「明治維新＝一八六八年」、「鎌倉幕府成立＝一一九二年」というように、意味を理解するのでなく、意味そのものを辞書的に頭に叩き込むのです。昔は語呂あわせも使われました。たとえば「一一九二年」ならば「いちいち国をまるめこみ」といった具合に……。

この意味記憶は成長とともに弱まりますが、こうしてストックされた記憶によって脳の中に辞書がつくられます。頭の中に辞書として収納されるのです。この単純記憶辞書がないと日常生活が非常に不便になります。この辞書は、子どものときに大部分が作られるのです。というのは、子どものときのほうが、単純記憶能力は、優れているからです。

皆さん、昨日のことはすぐに忘れてしまうのに、子どもの頃の古い記憶がいつまでも鮮明に脳裏に残っている覚えはありませんか。しかし、意味記憶はもっとパワフルなものです。昔の事件の細部までは覚えていなくても、昔覚えた単語の意味、たとえばティッシュペーパーの意味を忘れることはまずありません。

これは、そういう記憶はしっかりと脳裏に焼きついている一つの証拠です。実は、小さい頃の意味記憶が優れている実例です。そしてこのときに記憶され脳に焼きこまれた記憶の辞書が成長後に理解力や思考力のベースとして、非常に重要な働きをするようになるのです。

## 小学校高学年からは二つの記憶法を併用する

ついでに述べれば、年をとるにともなって、意味記憶よりも、体験として記憶する方法が優位をしめるようになります。これが二つ目の「エピソード記憶」と呼ばれるものです。これは、物事に対する理解や思考を必要とします。

エピソード記憶は、たとえば、その体験そのものの記憶だけでなく、大学のサークルで体得した知識だとか、仕事の中で体験した知識やノウハウなどが含まれます。すなわちあるシチュエーションのもとで、体験的にその意味を頭で理解しながら記憶するわけです。

実は、小さい子どもに意味を理解させながら覚えさせるのは得策とはいえないという考え方もあります。子どもの脳は成長していますから、見るもの聞くものすべてが新鮮な印象をもたらしてくれて、理解に先行したカタチで意味記憶として脳にインプットされるのです。まだエピソード記憶が十分に発達していない段階で過度に理解にこだわるのは、あまり記憶のために効率的とはいえないし、意味記憶による脳の中の辞書がその分充実したものにならない可能性もあるのです。

ですから、小学校の間は、理解を求めるよりも、単純記憶を奨励したほうが効率的でしょう。もちろん、理解が無意味なのではありません。というのは、考える能力はだいたい小学校三年から四年くらいから……といわれているからです。だから、その時期からは記憶する対象によって、時には理解を用いて、エピソード記憶を導入してもよいでしょう。ただ、まだこの時期には意味記憶も十分有力なので、単純暗記を、両方させることは可能です。むしろ、機械的な単純記憶と思考力を必要とするエピソード記憶を両立させることが、望ましいのです。

いずれにせよ、脳の中で意味記憶が優位な間は、詰め込みをしないと結局損をします。そうすることによって思考能力が弱まることはないと考えられているのですから。

## 小学校時代は記憶力の個人差が大きい

子ども、とりわけ小学校のときは記憶能力に個人差が大きいのです。すなわち勉強ができる子とできない子の差が大きいということです。できる子は、一年生や二年生なのに、三年生で習うこともできます。

現在の教育の現場では、できる・できないの差をなくそうという発想が強いようです。文部科学省の授業内容の厳選というのは、能力に個人差があるのなら、可能なら全員がわかるレベルに教科書の内容を設定しようということになるわけです。しかしながら、このやり方では、できる子にとって教科書は、退屈なものになります。

この傾向は中学校でも続き、教科書はできる子どもにとっては常に退屈なものになります。私の卒業した灘中では、中学校の教科書はレベルが低すぎるが、高校の教科書は難しいので、数学と英語は中学校の教科書を一年ちょっとで終わらせて、高校の教科書を四年かけて教えました。

今は当時と比べて中学校の教科書の内容がもっと減っているのですから、もっと退屈なもののはずです。一方でできない子にしてみれば、小学校のとき以上に難しいと感じるのです。授業の進行の中でできないところをできないまま放っておくと雪だるま式にわからなくなります。ですから、教科書では、できるところまで戻らないと、なかなか理解できるようにならないのです。わからないという子どもが多いのであれば、教える内容を減らすより、教え方を変えたほうがはるかに有効なのです。

## 計算は、苦手意識をもたせない

文部省は、昨年の指導要綱で計算を大幅にカットしました。昔から「読み・書き・そろばん」といいましたが、けだし名言ですね。単純記憶の最たるものが「読み・書き」だとすれば、「そろばん」は計算力の基本です。しかし現在はこの計算力は不要で、思考力だけ伸ばせばよいという考え方が支配的になり、とどのつまり計算の大幅カットにつながるのです。

昔のソロバンに代わって、今は、電卓やパソコンの時代だから、計算などをやらせても意味がないという考え方があります。二〇〇二年度から施行される文部科学省の新学習指導要領でも、三桁以上の掛け算は教えないとか、小数点以下二位以下の計算問題は必要ない。分数の計算も、分子が一のものしか掛け算を教えない。このように計算を簡素化することばかり考えています。さらに、小学校四年からは、計算問題は電卓を使用してもいい、すべてこのような調子です。

ここで問題とすべきことは、電卓があるから計算問題は不要なのかという点です。

## インドと日本の小・中学校カリキュラム比較

| インド | | | 日本 |
|---|---|---|---|
| 1から100までの数字<br>二桁までの足し算、引き算 | 1年 | 小1 | 1から100までの数の表し方と意味<br>一桁の足し算、引き算<br>基本的なものの形やその特徴 |
| 九九、二桁×一桁のかけ算<br>基本的な図形、立体<br>秒、分、m、cm、g、kg、l、mlなどの単位 | 2年 | 小2 | 四桁までの数、二桁までの足し算、引き算<br>一桁同士の掛け算、九九<br>長さの単位(m、cm、mm) |
| 四桁の足し算、引き算、三桁×二桁のかけ算<br>三桁÷一桁までの割り算、あまり<br>分数、分母が同じ分数の足し算、引き算<br>平面図形と立体の辺と頂点、線分 | 3年 | 小3 | 三桁の足し算、引き算、二桁×二桁のかけ算<br>除数が一桁の割り算、あまり<br>重さ、時間の単位<br>正方形、長方形、直角三角形 |
| 最大公約数と最小公倍数、素数<br>三桁×三桁のかけ算、四桁÷二桁の割り算<br>分母が異なる分数の足し算、引き算<br>小数点以下第3位までの小数 | 4年 | 小4 | 億、兆の単位、概数、四捨五入<br>三桁÷二桁の割り算<br>小数点以下第1位までの小数、分数の基礎<br>正方形と長方形の面積、角度、円の基礎<br>折れ線グラフ |
| 分数の乗除、小数の加減乗除、概数<br>長方形と正方形の面積、立方体と直方体の体積<br>平均、速さ、赤字と黒字、利息、百分率 | 5年 | 小5 | 偶数と奇数、小数のかけ算、割り算<br>分母が同じ分数の足し算、引き算<br>三角形、平行四辺形、円の面積、円周率<br>百分率、円グラフ、帯グラフ |
| 自然数と整数、負の数、二乗、文字式<br>初歩的な一次方程式<br>直線とその交わり、平行、統計、棒グラフ | 6年 | 小6 | 約数と倍数、最大公約数と最小公倍数<br>分母が異なる分数の加減乗除<br>立方体と直方体の体積、速さ<br>比、比例の表やグラフ、平均 |
| 指数の計算、初歩の因数分解、一次方程式<br>図形の対称、三角形の内心、外心<br>三平方の定理、三角形の合同条件 | 7年 | 中1 | 正負の四則計算、文字式、簡単な一次方程式<br>線対称と点対称、基本的な作図<br>空間図形の基礎、円柱や円すいなどの体積<br>比例、反比例、座標 |
| 平方根、三乗根、複雑な因数分解<br>複利、株式<br>円周率、円の面積、球の表面積と体積 | 8年 | 中2 | 二元一次方程式<br>三角形の合同条件、証明、円周角と中心角<br>一次関数、簡単な確率 |
| 集合の基礎、座標、多項式の因数分解、対数<br>三角関数、コンピューターのフローチャート<br>統計と折れ線グラフ | 9年 | 中3 | 平方根、簡単な式の展開や因数分解<br>簡単な二次方程式<br>三角形の相似条件、三平方の定理<br>関数$y=ax^2$ |

出典：雑誌アエラ2001・1月1日、8日合併号「数学が人生を決める国」より

日本人の強みというのは、多分、外国人に比べて計算が得意で、たとえばショッピングなどのとき、おつりの計算もすぐできてしまうことにあるとされています。

インドのように「19×19」の掛け算を暗算させるような国のほうが数学に強いことは経験的に無視できないことです。計算が脳の働きにいい影響を与えることは、いくつも傍証があるのです。そう考えると、計算は軽視してはいけないわけです。計算は電卓でいいというのは、使わないものは習わなくていいという考え方と同じです。これは、大昔の徒弟教育の発想とまったく同じで、あまり賢明なものとはいえません。

# 理解・思考・そして志を高く――中学校・高校時代

## 中学では詩などの心情理解より論文・レポート中心に

記憶や覚えさせることは読み・書きにとどまらず社会でも理科でも必要なことです。いわゆる暗記型の教育が小学校ではベースになると考えてよいでしょう。

問題は国語教育です。

日本の教育においては、小学校（高学年）を含む子どもに対して、詩や小説を読んだりして、その心情を理解させることが大切だという発想があります。いわゆる文系的な発想です。子どもも心情がわからなければいけないということですが、しかしながら社会に出てから必要な、あるいはレベルの高い学問に必要な読解力は、圧倒的に論文や解説文です。

理論的な文章を読めたり、科学的な解説文を理解できる。もちろんそういう読解力は新聞や雑誌、学術書を読めたりする能力を考えたときに、知識の吸収に必要不可欠のものです。おそらく多くの人は、小説が読めれば論説文などはすぐ読めるだろうというかもしれません。しかし、今の子どもたちがあまりにも文字に接する機会が少なくなっているだけに、そういう甘いことがいえなくなっているのです。

たとえば、中学生や高校生になっても新聞が満足に読めない人がたくさんいますし、作文にしても、簡単な読書感想文を書かせるにすぎません。これでは文章をまともに書けるようにならないでしょう。しかし、子どもの頃から、たとえば一冊の本を丁寧にまとめる練習をしていれば、今時のほかの子の書く読書感想文は、感想文のうちに入らないほどお粗末だというかもしれません。

本当は、論説的な文意をつかんだり、筋道の通った論理的なレポートをまとめる能力ははるかに必要とされているものです。しかも、詩や小説などの心理的な内容を理解することに傾きすぎている国語教育は、多くの子どもの理解力を超えており必要以上の負担を強いているために、結果として国語嫌いを増やしています。さらに、実際に必要とされる実用的な国語能力を落とすという弊害さえもたらしているのです。

## 日本語だから読めるのは当然という錯覚

したがって、今、家庭でやらなければならないことは、科学的なことがやさしく解説されている本や図鑑などを読ませて、本への苦手意識を薄める試みが求められています。国語にかかわるセンスという点で考えると、作文の場合、最初に意見をいわせたうえで、それについて補足説明を加え、最後に結論を語らせるといった決まったパターンの報告文的な文章を書く練習をしたほうがいいと思います。

心理中心の文章理解と対照的な国語教育をしているのは、欧米です。欧米では、たとえばアメリカやイギリスでは国語である英語を習うとき、早いうちに徹底的にグラマーが叩き込まれます。基本的には普通の論理的な文章を読み、そしてそれを書くトレーニングをします。そのうえでグラマーをさせるわけです。ようするに、真理を穿つような凝った文学的な文章でなく、通常の解説的文章を繰り返し習うのです。

日本では、グラマーは誰でもできるという錯覚があります。日本人なのだから、日本語ができるのは当たり前という錯覚です。それでいて現状では普通の論理的文章を読む練習さえしていない。実際は、日本語を正確に読むことができないのです。そこにネックがあります。日本の国語教育の基本は、やはり「読み・書き・ソロバン」のはずです。声に出して読みたいというレベルの名文の日本語より、まず普通の解説文が読めるようになるべきなのです。

ここで冗談のように聞こえる深刻な話を一つしておきましょう。かつて、中学生や高校生はマンガばかり読んでいたと、多くの大人はこれを嘆いたものです。しかし、昨今では、マンガさえ読まなくなっているのです。少年漫画雑誌の部数は減ってきていますし、読者の平均年齢は上がってきています。

すなわち、小学生の子どもたちはゲームやアニメのような字を読まなくてもよいメディアに熱中して、マンガの吹きだしのなかに書かれている文字さえ読むことが面倒になってきているのです。

結果的に『ジャンプ』とか『マガジン』などのマンガ雑誌の読者が年齢的にどんどん上昇して、大学生や社会人にも蔓延しています。その彼らもマンガの文字を満足に読まなくなっていく可能性もあります。それほど文字とのかかわりがなくなっているという現実は、深刻このうえもありません。

## 記憶法のアンバランスが戸惑いをもたらす

先に触れた思考能力というものは、中学になればかなり高いレベルになると考えられています。まだこの時期は、同時に意味記憶もそれなりに維持されています。この年代は意味記憶とエピソード記憶の両方ができるわけです。誤解をさけるためにいえば、意味記憶とエピソード記憶は、お互いに足を引っ張り合うものではありません。意味記憶を伸ばしつつ、エピソード記憶も伸ばせるのです。

中学と高校の教育では、この点があまり考慮されていないように思われます。たとえば中学は義務教育で高校は選択教育だから、中学のカリキュラムは非常にやさしいのに対して、高校のカリキュラムはかなり難しい内容になっています。ようするにアンバランスなのです。

すなわち、中学でエピソード記憶を鍛える理解や問題演習の体験が不足したままの状態で、高校に入っていきなりかなりレベルが高いエピソード記憶が求められるのです。戸惑うのも無理はありません。本来思考のトレーニングはもっと中学生の頃にやておくべきことでしょう。

## 英会話教育は、非現実的だ

英語においては、単語力は確かにばかにならない要素です。灘校のカリキュラムでは、中学の間に約三〇〇〇語覚え、高校に入って三〇〇〇語覚えさせるようになっていました。この方法だと一年に毎年一〇〇〇語覚えればよいのですから、記憶量としては無理がありません。

いっぽう、現行のカリキュラムでは中学校で一〇〇〇語くらいなのに、高校では五〇〇〇語も覚えさせるものとなっていて、高校に入ってからの負担がやたらに重くなります。しかも、新しい指導要領では、中学校の最低必要単語は一〇〇〇語程度となってしまうので、このアンバランスはさらに広がります。

実際のところ、義務教育の中学における英語はすごく少なくて簡単だから、勉強法を工夫すれば、早く終わらせる気になればかなり早く終わります。英語も所詮は語学ですから、その気になれば基本的なことであれば、誰でもできます。日本語が誰でも話せるのと同じですし、英語を話せないイギリス人がいないのと同じです。しかし、難しい哲学書や理数系の本は日本語で書かれていても読めないように、英語もレベルの高いものは本国の人さえ読めません。だから、レベルの高い英文を読むのはかなり難しいものなのです。

英語に関して日本人が抱く誤解の一つが、早いうちに耳を慣らしたほうがいいというものです。

たしかにそのとおりかもしれません。ただし、これには条件があります。それは日本語と同じように毎日、英語に耳と口で接していればの話です。常識的に考えて周囲に英語を話す外国人がいない日本でそれは不可能です。もちろん、子どもの頃にアメリカに住んでいたり、何年間もイギリスに暮らしていれば、ひじょうに耳慣れて英語がよくできます。これは英語がしゃべれればいいということなら効果的です。しかしそれは日常生活で不便をしないレベルの英語です。

## 英語の読み書き能力はもっと評価されていい

だから、単にしゃべることが目的なら一年間留学させるか、最低、半年くらいの語学プログラムに参加するか、アメリカンスクールに入学させるしか方法がないでしょう。英会話については、中途半端な時間では成果が得られません。そんなことはお構いなしに、耳慣れがいいと単純にとらえて、会話中心の英語を教えたとしても意図した目的を達成できないのです。

しかし、それ以上に問題なのは、よしんば耳慣れができたり、英語がしゃべれるようになっても、本当の意味で英語の力になったとはいえないことです。たとえば、子どもの頃に海外に住んでいた子どもであっても、英語のペーパーテストでいい成績がとれるとは限りません。確かに耳慣れ、聞き慣れているのですが、というよりえてしてペーパーテストでいい点が取れないケースが多いのです。

かつての英語における日本人の特長は、英語をしゃべったり聞いたりはできないけれども、読み書きの能力が非常に優れているとされていたということです。仮に外国の大学に留学しても、英語で出題されるペーパーテストで大変優秀な成績を収めます。また、外国支社に派遣されて、仕事におけるビジネス英語については得意であり、文書や契約書がよく書ける。こうした意味において、外国における知的な実務能力においては、きわめて有能だったということができます。

単に英語をしゃべるという点では、外国においては、知的素養はあまり必要とされていないわけです。たとえば単純労働などの仕事では、小学校レベルの英語で十分ですが、いざ複雑な業務においては読み書きの素養が威力を発揮し、高い評価を受けるのです。逆にいえば、しゃべれるだけでは単純労働にしかつけず、複雑なビジネスの世界では雇ってもらえないのです。その意味では、海外に出て即戦力として役に立ったという意味で、読み書き中心の日本式英語教育は、もっともっと評価されていいと思います。

しかしながら、大学受験でリスニングなどの会話重視の傾向が強くなって、それが大幅に導入されたり、中学、高校での会話教育が進められると、TOEFLなどの点で見るかぎり、日本人の英語の読み書き能力はかなり落ちています。これは国際化という意味ではむしろ逆行しているとさえいえることなのです。

## 英会話ができなくても英語教育はできる

繰り返しますが、日本人は英語がしゃべれないという点で、過剰なコンプレックスを感じているようですね。これは愚かしいコンプレックスであり、そうした考えは一刻も早く直したほうがいいのです。

英語は、しゃべれたり聞けるよりも英字新聞が読めるかどうかを基準にしたほうが現実的です。英語圏の人も、それが評価の基準になるのです。もちろん英語がしゃべれたり、聞ければそれに越したことはないし、そうなればレベルの高い緻密な会話ができるわけです。その点を誤解したり、勘違いしてはいけません。

特に、英語の先生に強調したいのですが、英語がしゃべれなくても英語教育は立派にできることを銘記してほしいのです。日本人をとりまく言語環境が英会話向きでないということも理由の一つですが、それ以上に英語によく知的意思疎通という点から見て、読み書きを中心とした英語教育に重要性があるからです。

## 数学における学力低下をどうするか

数学の学力低下は、特に義務教育において著しいものがあります。数学というものは小学校と中学校では基本のシステムが違いますから、小学校でできたからといって、油断すると中学校でできなくなります。その中学過程では、不幸なことに三年間で関数もろくに習わず、二次方程式も削除されてしまいました。

数学は計算のトレーニングが非常に重要です。因数分解でも二次方程式でも文字式でも、計算に慣れることによって理解が深まります。方程式の一次と二次は大きな相違があって、特に二次は関数の数が小さくなればなるほど式の値が大きくなるという不思議な性質をもちます。

関数がゼロより大きい場合と小さい場合とでは式の性質が異なります。そういう発想ができなくなることを含めて、二次方程式や二次関数をカットした新しい教育指導は大きな欠陥をもっています。

いうまでもなく、これはほんの一例です。こうした数学カリキュラムの削減には、中教審委員であった、ある著名な女流作家の意向が影響したとされています。この作家は、大人になってから二次方程式を一度も使ったことがないと主張していたのです。

しかし、この作家は、世の中の二次関数的なものの考え方の大切さをまったく理解していません。しかも、作家には必要なかったかもしれませんが、多くの理数系、経済系の仕事をするには必須のことかもしれません。そういう発想に出会う機会が義務教育では得られなくなってしまうのです。

## 普通教育のあるべき姿とはなにか

学校で習ったことのうち、特に数学は世の中でほとんど役に立たないと思われています。それは当たっている部分が多いかもしれません。歴史を見るかぎり、教育は平穏な無風状態の時代なら、伝承的な特長をもつ徒弟教育で通用したのです。江戸時代であれ、平安時代であれ、それまで先人がしてきたことをそのままにしていれば、大した誤りもなく、乗り切れたのです。

しかし、一度、世の中が変化に見舞われたときは、そうはいきません。たとえば、明治維新のときとか、産業革命の時代には、周囲の情勢に疎い徒弟教育でなく、多くの人が知識を共有できる教育が必要になります。普通教育がその役割をになっていたといっていいと思います。たとえば幕末なら寺子屋や藩校などは、多くの人の共有知識を広めたという点で、その役目を果たしたと思います。

国民が最低限、身につけなければならない科学的知識とか技術、計算力、そういったものは、明治、大正、昭和そして平成で様変わりしましたが、国民全体が新しい情勢に対応しながら新知識を吸収し国民共有のものとして広げていくことができる、次の時代の基盤となるのです。そのために普通教育が必要なのです。

# 社会とのかかわりを深く――大学時代・社会人以後

## 教育における過剰なエスカレート

現在、技術が進歩し、高度化し、同時に情報化して、ＩＴも普及しています。おのずと教育というものの使命として、身につけるべきものが日々増加するはずです。これに対応するために、従来の方法は教育期間を長くして対応してきました。

義務教育は九カ年ですが、高校進学率が九七％を超える時代となって実質一二年になっているといってよいでしょう。さらに大学進学率が五〇％に迫りはじめて、一六年組が社会の主流になりつつあります。

さらに必要な知識が増えた場合にはどう対応すべきなのでしょうか？

現実的な対応とされているのは、大学院への進学率を増やすことでしょう。たとえば、大学院への進学率は現在、五～六％です。これが二、三〇％になり、大学へは七、八〇％になるというカタチで、教育年限を伸ばすわけです。

別の見方をすると、こうした教育政策が進められると、教育の機会を失った人々に政府も世の中も冷たくなります。そしてこうした教育の期間延長の流れに乗れない人は、置いてけぼりになり、気の毒な立場に置かれかねません。

## 大学は専門バカの集団で社会と隔絶している

もし、以上のような状況が現実のものとなったとしても、教育全体にわだかまる問題は解決されるとは思われません。

というのは、現状においては大学と高校の教育システムはあまりにも違いすぎていて、大学が研究機関化してしまい、そこで教える先生たちが専門バカの集団になってしまっているからです。これでは教育期間を延ばしても、大学が高校の続きの機能を果たさない可能性も大きく、世の中の動きに適応できないものになっているのです。

それを改革するには、現行の大学というものを全面的に解体しなければならないでしょう。

一つの方法として、現在の大学の先生たちを全員、大学院の先生になってもらって、大学には学生にちゃんと教えることができる人を迎えるという方法があります。もし、それが不可能なら、高校過程までに、今よりはしっかりした教育をしなければならないでしょう。

現状は、高校は無試験同様で入れるようになったため、多くの学校で学力低下が深刻なものになっています。そして高校から大学にいく学生は、環境がまるきり違う大学で右往左往してしまっているので、知性がステップアップする流れができていないのです。

もう一つの方法は、教育システムを小学中学段階から見直すことです。これには考え方を大幅に変えないと不可能です。しかし、中学教育は義務教育ですから、税金の代償としての国のサービスのはずです。現状は、週五日制にするほかカリキュラムの削減が進行していますから、サービスが減らされているのです。日本人は従順なので、同じ税金を払って受けられる教育サービスが減らされても誰も文句をいいません。週五日制の導入もカリキュラムの削減も、ある意味では一方的なサービスの低下なのに、子どもの負担を減らすためという言い訳が通用してしまって、問題視されていません。

## 社会性を念頭にした中高一貫教育は教育改革の参考になる

もう一つの方法として考えられることは、中学から教育を根本的にやり直すことです。すなわち社会性を念頭においた系統だった教育を策定しなければならないのです。しかもそれを国の一貫した政策とすることです。

ちなみにインドに限らず、アジア諸国やイスラエル、アメリカやイギリスなどは数学や理科の教育を重視しています。英語圏以外の国でも、英語の読み書き能力と数学能力は、社会で生きていくために絶対必要な能力であり、これを国の教育政策にベースとしています。

その方法ですが、たとえば、灘高校や麻布高校など私立高校などで採用されている中高六年一貫教育は、大いに参考になると思います。

教育途中に受験というハードルがないだけでなく、カリキュラムがつながっていますから、どの教科においても系統的な積み重ねが可能となります。前述のような形で高校の内容を中学にシフトさせることで、結果的に生徒の負担を軽くするだけでなく、社会性と連結した人格形成においても、きわめて合理的な指導が可能となります。

今は高校受験が半ば形骸化している面がありますから、受験でわざわざカリキュラムを切る必然性が薄れていますから、なおさら弊害が発生しやすいのではないでしょうか。

それに、中学生になれば、経済の動きや税金の話などにかなりの興味を抱いていて、人によっては大人顔負けの分析をすることも少なくありません。また一般の市販雑誌や科学などの専門雑誌などに目を通すケースが考えられます。そうした点について腰をすえてじっくり教育できるのも大きな利点といえます。

大学受験は、社会への第一関門という意味があり、競争社会の片鱗を体験させるという面で、存在価値がむしろ高まっています。

## 歴史教科書問題も社会性を示唆している

昨年は歴史教科書が話題になりました。これはあたかも学生たちの教育だけの問題であるかのような印象がありますが、実は大人社会にも大いにかかわりがあるのです。もちろん、不況のなかで四苦八苦している現状では、にわかに現実味は感じなかったかもしれません。

しかし、近隣諸国との摩擦がエスカレートすれば、経済関係に悪影響を与えて、貿易などに跳ね返り、とどのつまり景気に響きます。だから歴史認識を大人の問題としてとらえることは、経済の問題そのものなのです。

教育という点で見れば、教科書は検定という壁があります。文部省は一つの特定の方向で歴史の見方をしなければならないと思い込んでいるフシがあります。それが検定で現れます。それが関係国から見て問題視されるわけです。なぜなのかを考えると、国内では検定が教育だけの問題で判断されるのに、外国では政治的な意図とみなされるからです。教育サイドの人間は、専門バカ的な狭い見方でなく、もっと広く、経済や外交などの影響を考えないといけません。ならば、本来は検定を廃止して、教科書会社が勝手にやったというスタンスをとったほうが賢明でしょう。

私の考え方としては、一つの歴史観に基づく教科書だけを使うのでなく、いろいろな立場の教科書があれば、考えが多面的になる、歴史というもの一つとっても推論の幅が広がると思います。つまり、授業でも一冊の教科書だけを使うのではなく、別の史観の教科書も同時に使うことで、歴史の解釈の多様性を教えていけばよいのです。

## 幅広い社会的論議が国に誇りをもつ本当の意識を養う

さらにいえば、アフガン問題でアメリカのやり方がいいのかどうかとか、環境問題では京都議定書にサインしないで、紛争では国際協力をしなさいというアメリカの主張が妥当なのか、ムシがよすぎるのではないか、という疑問。かつてのアメリカによる広島・長崎への原爆投下は国際法違反ではないのか、そういった問題について子どもと学生そして大人としての社会人が同じ土俵で自由に討論できるというのも、単に知識を広げるだけでなく、歴史についてのものの考え方の多様性をわからせたり、国の立場によって人間はものの見方が変わるのだということを知るチャンスになるかもしれません。

国に誇りをもつという点で考えれば、うちの民族のほうが優秀だと感情的に思い込むのではなく、自分の国にどのような誇るべき面があるのか、根拠を掘り起こす試みが重要です。たとえば、日本人は西洋の数学を崇拝しているけど、かつて江戸時代には、関孝和の和算があって、近代数学の考えを独自の理論で解いていた。幕末や明治時代に一般庶民が緻密な計算ができた。あるいは戦国時代に鉄砲が伝来したけど、それをたった十年ほどでマスターしてしまって、世界中の鉄砲の八割以上を日本で作っていた。数えればキリがありませんが、こうした才能をもった国は世界でも日本だけですが、こうした点はもっと評価されていいと思います。

## 大学では社会で役立つ勉強ができないのか

受験勉強の反動という指摘もありますが、今の大学生は勉強しないといわれています。大学のカリキュラムには、経済学や経営学また社会心理学など、世の中で役立つ科目も少なくありません。

しかし実情は、高校までにしっかりとした勉強をしてこなかった人が多かったから、基本的知識の再教育が必要とされるケースが多く見られます。そうしたいわば積み残しをクリアしなければならない。そうした点を差し引いたとして、大学で本来、身につけるべき知識や学問が有効に教育されていないようです。
たとえば銀行へ就職するのなら経済学や会計学のイロハは学ばなくては、どうしようもないわけですが、大学で勉強していても、それがママなりません。また官僚になるのなら、政治学の原理について一通りの知識を学んでおかないといけないわけですが、これも上手くいかない。

そういうやや専門的な初歩教育が機能していないのです。おまけに大学の先生は、自分の研究ばかり熱心で、教えるという行為に無頓着な傾向があります。お互いにミスマッチな状態です。これを改善するには、さきに述べたような根本的な改革が必要です。しかし、それができないから、就職した後で、企業は社員研修などのカタチで再教育しています。しかし、今後は雇用が流動化して、一人の人間が企業にいつく年数も減ってくるのでそうはいかなくなるでしょう。

大学で勉強するときに最低限、勉強してほしいことは、主に三つあると思います。

一つ目は、レポート作成能力です。これは会社に入って文書を作成する際に求められる能力ですが、自己能力をアピールするうえで社会人に不可欠な素養です。前述のような定型的な文章を、大学で新たなことを学んだり、新たな本を読むたびに作成することでトレーニングを積むことが必要でしょう。

二つ目は、プレゼンテーション能力です。これは単に自己能力をアピールするためではなく、たとえばプロジェクトをまとめ、チームでリーダーシップを発揮するうえでも欠かせない資質です。これについても、まず型にはまったプレゼンテーションをトレーニングするのが初期のトレーニングとしては有効でしょう。

三つ目は、専門的な知識やノウハウを一定程度、身につけることです。これは、得意分野における信頼性を獲得するうえできわめて有効であり、説得力を高める働きをします。せっかく大学に入ったのですから、上手に教官をつかまえて、これを聞きだす必要があります。

それ以前の問題として、基礎的な数学力や読み書き能力など高校レベルの学力をきちんと身につけておかないと、大学できちんと学ぶべきことが学べないことを知っておいてもよいでしょう。

## 社会人としての勉強は、執拗な確認から……

勉強は、単に教養を高めるためにのみするのではありません。あくまで実務に通じるものであることが必要です。そのためには、一度、理解したことでも、ちょっとでも不安を感じたら、繰り返し見直し、執拗に内容を確認する姿勢が求められます。

社会人が勉強する場合、注意すべき点は、一部、資格試験勉強を例外として、学んだことをやりっぱなしにしてしまうことです。これは意外に多くみられます。理由として考えられることは、経験的にわかったと思い込むケースが多いからです。これは、誰もが陥りがちな落とし穴です。

たとえば、本を一冊読んだあと、読み返す人が何人いるでしょうか。かなり目的意識をもって、目を通している場合でも、それなりの理解が得られれば、読んだことにしてしまうものです。優秀な人ほど、この傾向があるようです。

思えば、無理のない話です。というのは、社会に出て、多くの経験を積むと、おおよそのことがどうなるかわかります。一部の学術書などの例外を別にすれば、本に書いてあることが概ねはわかるわけです。経験を積めば知識もそれなりに豊富になりますから、見るものの聞くものの大半が経験済みで新鮮さを感じることはないでしょう。要するにアテンション（注意力）がどうしても低くなります。これは自己能力に対してかなり謙虚に考えている人でも避けようのない事実です。

頭のできにかかわりなく、本は一度読むのと二度読むのとでは、内容についての記憶と理解に大きな差があります。特に二度目以後に読んだとき、一度目とは違った視点から別の解釈をすれば、アテンションだけでなく推論にも大きな相違が生まれるのは当然のことです。

さらに、一度読んだものを別に日時に読むとだいぶ印象が異なります。読むときの心理状態やそのときの問題意識が変わっていることがありますから、同じ内容のことでも解釈や理解に違いが生まれるからです。それは認識の幅を広げてくれる効果をもたらしてくれます。

一冊まるまる読み返すのが困難であれば、大切と思われるところに付箋をはるなどして、その部分だけでも読み返すとよいでしょう。

## とりえを磨く勉強をしよう

優れた知性の持ち主でも、弱点があります。オールマイティーは、きわめて稀です。学生時代と違って、社会人になるとさまざまな問題に遭遇します。そこに明示された出題範囲はありません。得意だろうと苦手だろうと、かまってくれません。社会人の問題解決は、その点を前提として考えなければならないことになります。

もちろん勉強は実用的で実践的であることが前提ですから、できないのであれば、やり方を変えていかないといけません。私は、自分の経験に照らして、勉強は頭のできではなく、やり方にあると確信してきましたし、今もそう確信しています。

社会人は、出題範囲がなく傾向と対策が立てにくい問題に立ち向かっていかなければなりません。そのために、これからの時代に勝ち残る方法論として自分のとりえを磨くことを勧めたいと思います。

苦手分野を克服したいと願う気持ちはやまやまですが、苦手分野というのは、これまである程度の努力をしてきたところなのに、それでもできないところのはずです。

これは本人の能力特性との相性が悪いことにほかなりません。つまり、やり続けていてもできるようになる保証がないのです。それと比べて自分がとりえと思っているところは、能力特性との相性もよく、また努力がそう苦痛にならないはずです。そのとりえを武器にできれば、リストラ候補にあがることもなければ、転職もはるかに容易になるはずです。

苦手を放置しておくことが心配かもしれませんが、得意なことがあれば、仕事上はそれを前もって立候補すればよいのですから、苦手な仕事が回ってくる確率も少なくなります。そして、自己主張が必要とされている今の時代には、そのやり方がより許されるものとなっているのです。

## 勉強にも攻めるときと守るときがある

身体の調子がいいときと悪いときがあるように、脳にもコンディションというものがあります。脳のコンディションがよければ、新知識や新ノウハウは、どんどん吸収されやすいでしょう。新しい発見があり、気持ちも高揚します。充実したときであり、そんなときは勉強が楽しくさえあります。プラス思考で積極的な姿勢で勉強に打ち込めます。成果も大きいことでしょう。

問題は、脳のコンディションが悪くなったときです。そんなときは何らかの新しいことを学ぼうとしたとしても、思うように頭に入りません。いわば、頭がピンチに陥った場合、どうしたらよいのでしょうか。

一つの対応法として、守りの勉強をすることです。守りの勉強とはどんなことでしょうか。もちろん勉強しないで頭を休ませることではありません。またカラオケで歌を唄って憂さを晴らすことでもありません。なぜならこのような形で憂さを晴らそうとしても晴れるものとは限らないからです。もし憂さ晴らしがうまくいかないと、かえって落ち込むことになって、脳のコンディションを余計悪くすることさえあります。

結局脳を立て直してくれるのは勉強なのです。

そこで、まずしなければならないことは、新しいことには目をくれずに、それまで勉強したことを復習してみることです。習ったことをおさらいして、自分ができるという事実を確認し、それを自分自身に言い聞かせるのです。できるという体験ほど、心を元気にしてくれるものはありません。勉強のさいはなおそうです。

そうしたうえであれば、酒を飲むとかカラオケとかで気を晴らしても、それなりに有効なものになるでしょう。

要するにピンチのときはまずできる自分を確認することがキーポイントなのです。

# 完結編

# 勉強ができる人になるために…

勉強は、必ずしも改まった態度でやるものではありません。というより日常的な習慣として身に備わることでより大きな成果に結びつきます。勉強ができる人は、どうしているのでしょうか。それには幾つかの大切なカギがあります。それを頭にしっかりと刻みましょう。

# 勉強をするための賢い手とは

## 最初に動機づけに何を使うかを考える

勉強ができるようになるためには、勉強をしないことにはどうしようもありません。だからこそ、勉強の動機づけが必要なのです。何の動機も目的もなしに、ただ漠然とした気持ちでいるのでは、勉強を進めることはできないでしょう。

ですから、まずしなければならないことは、とにかく自分に対して勉強の動機をみつける。動機は、最初のうちは漠然としたものでもさしつかえありません。とにかくこれからの時代は、急激に変化しますから、その中で勉強しないものは生き残れない。強いていえば、不勉強は時代からはじかれるといった、一種の自己脅迫でもいいのです。また知り合いが勉強しているから自分もしないと取り残されてしまうのではないかという不安でもいいでしょう。あるいは、このままむざむざと何もしないまま年をとっていいのかという自分に対するいらだちでも、立派な動機になります。ちゃんと勉強しないと先行きいいことがないと思うことに意味があるのです。いずれの場合も動機が漠然としたものですから、ちょっとでも気を抜けば、決意がたちまち消えてしまいかねません。しかし、勉強の必要性を感じないよりはるかにマシです。

そうした勉強に対する助走状態の次に、では具体的に何をしたらいいか、何をしたいのかを考えましょう。

そのときに、たとえば資格試験を受けようと思い立ったとしましょう。最初から目標が決まっていればいいのですが、これから何を受けようかという場合、資格試験についての中身から勉強しなければなりません。司法試験や公認会計士試験はハードルが高すぎるとすれば、人気の社会保険労務士あるいは介護士試験など何を受けるか、自分の性格と経験、知識などを考慮しつつ、いろいろ調べなければなりません。

調べたうえで、目標が定まったら、今度は今までの試験問題や出題傾向、合格のボーダーライン、さらに資格試験に強い予備校などのカリキュラム、費用はどのくらい必要かといった一連の情報にもアンテナを張る必要があります。要するに合格の現実的な可能性が確認されれば、勉強の動機づけはぐっと高まるはずだからです。

## 方針変更を恐れるな、勉強は自分探しでもある

人は誰でも失敗や挫折をします。知識や経験が足りなかったり意欲が足りないためだったり、理由はいろいろでしょう。勉強に関してみた場合、気をつけていただきたいことは、一度決意した勉強のテーマができなかったり、自分に合っていないときに、途中で挫折することがあります。

仮にそうしたことになったとしても、それはそのジャンルの勉強が自分に合わなかっただけのことで勉強そのものを諦めてはいけません。そのときは、自分に合った別のテーマを探せばいいのです。別のテーマを決めて、それもできなかったら、さらに別のテーマを探しましょう。おそらくこんなことを繰り返していたら、何をテーマにしても挫折して、結局ダメなのではないかと思うでしょう。

当然、その危険はあります。しかし、挫折が連続しても自分に合った勉強のテーマと出会うまで続ければいいのです。大人の勉強は、自分探しにほかならないからです。

まず実行です。一歩を踏み出すことが大きな前進に必ずつながります。まずはできる勉強と出会うことに「勉強ができる人」になるための重要な最初の関門＝第一歩があるのです。この関門を突破すれば、あなたはかなり有望といっていいでしょう。

## 勉強には秘密はない、やり方があるだけだ

もし、自分の性格や能力を考慮して勉強のテーマが決まったら、そのときの決意を頭に残すことが必要です。では、やり始めた勉強を頭に残すのにはどうしたらいいのでしょうか。方法として二つあります。

まず、内容を理解することです。具体的には、教材や本などの中身について、初歩的な用語や仕組みを理解し、必要であれば単純記憶をします。人間は理解していることのほうが記憶は上手くいくものです。カラオケでも、日本語の歌詞なら覚えやすいのに、英語の場合は意味がどのくらい理解できるかで覚えやすさが違うし、フランス語のシャンソンなどはとても覚えにくいものです。

そのため、教材としてはなるべくやさしい入門書を選ぶことです。すなわち、内容

がすぐにわかるようにもっていくことが大事なのです。これは理解することで覚えやすくするためだけでなく、その勉強に自信をつけることができ、苦手意識をもたないですむようにさせる効果もあります。人によっては入門書はレベルが低いからとばかにしたり、いい年こいてと恥ずかしがる傾向があります。しかし、それは賢明ではありません。実際、レベルが高い本は、基本的に入門書のバリエーションともいえる部分があります。それからレベルが高い勉強の段階に到達したときでも、できる人がわかるように書いた入門書は多くのヒントを与えてくれることが少なくないのです。

次に、内容を二度読むとか、復習することです。一度習ってわかったと思っても必ず再読や復習を欠かせてはなりません。同時に用語帳（語学なら単語帳）やそのカードを作ります。形式はありません。使い古しのノートでも何でもかまいません。わかるため、覚えるための道具をできれば手作りがいいでしょう。手作りなら、ノートやメモを作るときの皮膚感覚が残っていて記憶の助けになります。皮膚感覚を軽く見てはいけません。言葉や単語は、不思議なことに皮膚感覚があるほうが記憶が残りやすいものだからです。

理解と復習の二点に気をつけるだけでも、相当頭に残るレベルは高まるはずです。

## やり方をつかむと上手くイケル

そして三つ目のハウツーとしてお勧めしたいのは、覚えた内容について、発表する場を設けることです。たとえば資格試験なら模擬試験を受けて結果を出してみるわけです。最初のうちは点数がよいかどうかは気にしなくていいのです。また、一人で黙々と勉強するのではなく、人と一緒に勉強して自分の答えを聞いてもらうことも発表の場の一つです。勉強した内容の発表やレポートは、勉強を使える形で頭に残すための、良質のアウトプット・トレーニングとなるのです。

さらに四つ目として、以上のことを試みることによって、勉強のやり方一つで結果に大きな差が生まれる事実を理解することです。これは非常に重要で、たとえば資格試験でも同じです。よく聞く話で、司法試験を一年で突破する人は頭がもともといいと思いがちになります。しかし、そう解釈しているかぎり何年勉強しても受からないかもしれません。実は、やり方が違うのです。この意味でいえば勉強ができる人に秘密はないのです。やり方をつかめば、これはイケルと確信できて、さらなる進歩につながるのです。

これについて心理学の用語で「ピグマリオン効果」というものがあります。自分ができると信じ込んだり、期待されているときや人から褒められたとき、評価されたときは、能力が高まるというものです。災害の場で助けを求められたとき、その期待に応えてバカ力を発揮することもあります。俗にいわれている「火事場のばか力」といわれる現象に似ていますが、これを「ピグマリオン効果」といいます。この効果を勉強に利用しない手はありません。

# 人間関係を勉強に活かす

## 人付き合いが上手いと頭が良くなる

人の能力を勉強に利用する話はすでにしましたが、それは相手が優れていることが前提になります。特定の優れた人だけではなく、人間関係を勉強に利用できれば、さらに勉強がやりやすくなります。いうまでもなく人は例外なく他の人とのかかわりの中で生きています。人間関係は、楽で気さくなこともありますが、逆に気が疲れる場合もあります。しかし、その関係がどうであれ、人間関係から逃れることはできません。

さまざまなタイプの人と上手く付き合う。そこに勉強に活かせる要素が隠されています。もっといえば付き合い上手は頭を良くするのです。一般には、頭がいいから、人付き合いが上手いと思われています。しかし、逆の可能性のほうが高いものです。実際は、人は、人付き合いを通して、さまざまなことを学び、頭が良くなるのです。

周囲の人と上手く付き合うことは、見方を変えれば自己中心的な態度や考えを捨てなければできません。

具体的には相手のいうことによく耳を傾け、その話を丁寧に聞く。自己主張をする一方で、相手の意見を否定せず、相手のいうことが正しければ、何の躊躇なくその意見を受け入れます。さらに単に相手の意見を受け入れるだけでなく、相手の心の内側をもよく理解し、感情面で好感を得られるように振舞うことです。

こうした行為は、相手を細かく観察し、見かけの表情や態度などばかりでなく、相手の心の内側の把握がベースになります。見かけは無愛想でとっつきが悪かったけど、付き合ってみると人柄の良さや教養の深さに触れて魅力を感じるようになったという話はよく耳にします。これは頭の働きで相手のことがよくわかり、それを行為に移しているからそういう評価を受けるようになったのでしょう。すなわち勉強＝学習によって獲得される資質です。人とのコミュニケーションは、素朴な感情交換でなく心の機微をも理解し合う関係に発展するのが進歩の方向性なのです。

これは脳の思考の成長と精神的成長がなければ、不可能です。特に、精神的に成長すれば、心の許容度が大きくなり、その場かぎりの感情に影響されることが少なくなります。すなわち、自己コントロールができます。自己コントロールができれば、相手の振る舞いに振り回されることなく、自分の理性的な判断で相手からの必要な知識がキャッチできることでしょう。

## 心の知能指数を高めよう

勉強ができる人は「ＩＱ」が高いといわれています。この「ＩＱ」は、知能指数といわれているものです。これに対して、しばらく前から「ＥＱ」といわれる言葉が登場しています。ＥＱは、感情知能（emotional intelligence）といわれるもので、感情のコントロールや対人関係能力を指す新しいタイプの知性だとされています。

勉強においては、ややもすれば知能すなわちＩＱが重視されがちになります。しかし、実際にはＥＱ的な要素がないと、安定した勉強が続かないので、受験などでの成功の可能性は低くなります。さらに、実社会においてはＩＱ的知能だけでは、人の信望や信頼を得られる資質が欠かせません。とりわけ集団あるいは組織における調和を重視する日本においては、なおさら重要です。

ＩＱが高くて与えられた仕事が、それなりにこなせれば、そこそこの社会的成功を勝ち得ることはできるでしょうが、実際には感情のコントロール能力や対人関係能力がなければ、それ以上の成功は困難です。『ＥＱ――心の知能指数』の著者、ダニエル・ゴールマンによると、アメリカのような国でも、成功に対するＩＱの貢献度はわずかに二五％にすぎなかったとのことです。そしてその残りの多くの部分にＥＱが寄与しているのです。

日本では、よくＥＱ能力が低い人に対して、精神的成長が半人前という指摘がなされます。こうしたタイプの人は、ＩＱとＥＱが両立していないのでしょう。

ところで、ＥＱはＩＱと相反する概念なのでしょうか？

実は、そうではなくて、両立は可能、むしろ両立することのほうが多いと考えられています。ＩＱは文字通り自分の知的なベースとして、ＥＱは自己コントロール能力や自己動機付け能力、そして友好な対人関係の基礎として、人との付き合いを通して知識や情報を吸収する有力な手段になっています。両者とも、勉強にとって有益な働きをしてくれます。ＥＱの資質は、周囲からの刺激を利用して、自分の勉強意欲を増幅するうえで大きな働きもするのです。

## 「ＩＱ」と「ＥＱ」の使い分けを配慮しよう

これを具体的な例でみてみましょう。もしあなたが会社のピンチを救うためのビッグプロジェクトの責任者に抜擢されたとしましょう。あなたのＩＱはそれに対応するだけの十分なレベルに達しているとしましょう。

問題は、ＥＱです。あなたのＥＱ的能力によって、相手の気持ちを読んだ際に、あなたは自分のＩＱ能力をあえて隠さなければならないかもしれません。諺にも「能ある鷹は爪を隠す」といいますが、あなたの優れたＩＱ（能力）が、プロジェクトメンバーにとって冷徹で怖そうな「爪」に映ってしまっては元も子もないからです。

もし、あなたがＩＱ能力のみでメンバーをまとめようとすれば、メンバーは渋々したがうかもしれませんが、それでは感情的なトラブルが起こる危険が大きくなります。優れたメンバーが抜けたりすれば、業務遂行に支障が出かねません。

もし、ＩＱ能力を表面上隠して、人事面でＥＱ能力を駆使するといった使い分けを上手くすれば、メンバーの感情的な不快感も表面化せず、チームワークも円滑になり、結果としてその点のマネージメントのリスクが大幅に軽減されます。もう一つの注意点は、ＩＱ能力が優れていると部下の業務テクニックが未熟にみえるもので、自分が直接、手を下したほうが完璧で早いと思える場合です。しかし、それをしたら組織としてのマネージメントは上手くいかなくなるでしょう。あえて部下に任せる器量をもつのは、ＥＱ能力の一つと考えてよいでしょう。

自分の感情や立場に振り回されて、利己的発想に引きずられてしまう危険があるとき、より冷静な視点から状況を把握する能力はメタ認知能力ともいえますが、この能力のベースには自分の感情や他人の気持ちを理解するというＥＱ能力が大きく関与しているのです。そして、このＥＱ能力は人間関係を円滑にして、多数の人の知恵をまとめて成功を導く決め手となるのです。

# 仕事ができるようになる勉強法はあるのか

## 自分の得手不得手を理解しよう

仕事ができて引き受けるということは、自分の得意な領分を知っていることです。できないことをできるといっても悪いこととはいいませんが、万一、できない場合にできないと正直に答えたとき以上に信頼を失ってしまうことになります。そこでできないことを頼まれたときは上手く断る知恵が必要です。

断るという行為は、さまざまなリスクをともないます。まず依頼した相手を失望させます。また、マイナス思考の持ち主だと思われるかもしれません。そして、相手を感情的にして「もう頼まない」という気持ちを抱かせる可能性もあります。だから、断ることは頭の良さが非常に重要なのです。

そのために何が必要でしょうか。答えの一つは、日ごろから自分の得意技をアピールしておいて、このテーマなら「あいつに頼もう」と思わせておくことです。それをしておかないと、いきなり適当なテーマを押し付けられて、できないものがあたる可能性も小さくないのです。もし得意技をアピールしておけば、ソンな苦労からは逃げやすくなるし、頼まれたら頼まれたで的確に対応でき、信頼と評価が高まります。まさに、八方が願ったりかなったりになるわけです。

## スタッフとして得意技があればアピールしよう

たとえば、あなたが最近多くなったコーヒーショップチェーンの出店企画のスタッフに任命されたとしましょう。やるべき仕事は、店舗の出店プランやメニュー開発のほかマーケット・リサーチなどさまざまです。このとき、もし、あなたが何もアピールしないで黙っていたら苦手分野の仕事を命じられるかもしれません。もし、あなたに得意分野があるのなら、それを積極的にアピールして、得意な仕事を得ることが得策です。実は、この方法が苦手な仕事から逃げる最良の策なのです。

得意技がないということは、上司にすべてを白紙委任しているのと同じで、あなたの立場をきわめて不利なものにします。仮に、あなたが自分に得意技がないということがわかっていれば、それを隠していないで、上司など責任者に公開する手がありますが、わざわざそんなことをするのは無能を告白するようなものというかもしれません。もちろん単に公開するのなら、そのとおりですが、そのときに興味ある分野を逆指定して、「この仕事をやりたい」と意欲のあるところを見せるという手で、勉強のキッカケをつかめることもあります。最近の風潮としても、会社は意欲を評価するようになっているからです。「転んでもただは起きぬ」という心がけを忘れてはいけません。

## 上の立場を目指すなら、どんな心得が必要か

得意技というと特定の限られた分野のものである印象がありますが、それでも一スタッフの立場ならば、得意技がない人と比べて十分有利な武器になります。しかしもっと上のポジションに立ちたいのならそれ以上の幅広い能力が求められるでしょう。

その場合、どのようなことを念頭におけばいいのでしょうか。

幅広い能力について一頃はゼネラリストという言葉が注目されたものです。ゼネラリストというのは、言葉がもつひびきはいいのですが、はっきりいえば何でも屋です。仮にスタッフを統括する立場になったとしても、スタッフのする仕事が何でもできる必要はありません。むしろ中途半端な形で何でも一通りこなすというのは、実際は、秀でたものが何もないことになり、スタッフの得意技をこわすことになりかねません。仮にゼネラリストを目指すなら、スタッフのやっている仕事の意味がわかる、どのレベルのものなのかが判断できるという意味で、何でも一通り知っているという意味の何でも屋でよいのです。

ただ、現代のように各々の専門分野のレベルが高くなっている時代には、それもかなり難しいでしょう。

ではどのような心得が必要なのでしょうか。上の立場にいるのですから、苦手分野のことにも判断が必要なことは確かです。ここで大切なのがＥＱ的な人間関係能力と、スタッフの能力特性についての知識です。

要するに、ある分野の仕事を評価や判断する際に、スタッフの中で誰がいちばんその仕事についてわかっているかを把握しておき、その人に素直に頭を下げて意見を求める資質です。この際、素直に頭が下げられないと、そのできるスタッフがへそをまげてしまうかもしれません。できれば、ふだんからのEQ的な対人関係能力で相手から好かれていれば、はるかに正直な意見が聞けるはずです。そういう部下を何人か抱えられる能力が、これから専門分化や技術の高度化が進む現代に必要とされるリーダーの資質なのです。

人の上に立って人事を取り仕切るには、人間として練れていないとなかなかできるものではありません。そこが難しいところです。もう一つ申し添えておきたいのは、そうであっても一通りの勉強は怠らないことです。最終的な判断をするのは、やはりリーダーで、いつも部下の意見のいいなりになるのは、チームワークのうえであまり得策ではありませんし、また部下からの尊敬を集めるのも困難になります。できる人に聞くのにさいしても、ある程度わかっていることを示しておくと相手も手をぬきにくくなるのですから。

## 要注意、能率や中身の出来栄えに差が生まれるケース

仕事を含めて勉強では時間帯で能率に大きな差が生まれます。いざとなったら徹夜でもすればいいと考える人も多くいます。しかし、徹夜は結果的に疲労が重なり能率を悪くすることにつながりやすいものです。それに翌日まで疲労が残り、その余波が能率をさらに悪くします。

まず、確かめておきたいことは、一日のうちで自分が一番疲れる時間帯と一番頭が冴える時間帯を知っておき、通常の業務については、それに合わせて作業の度合いを調整しておくといい。たとえば、一日のうち午後二時頃になると決まって睡魔に襲われるとすれば、この時間帯を抜いた作業スケジュールを立てておいたほうがいいということです。

もし、大事な会議などがあるときはあらかじめ自分から「何時頃にしたらいいのではないでしょうか」と提案してみます。もちろん自分の都合だけで会議の時間は決められませんが、ダメでも提案してみる価値はあります。

もう一つ、多いケースとして、仕事が二つ、三つと重なったときに、作業の段取りをどうするかです。いうまでもなく締め切りなどによって優先順がありますから、早いもの順に処理しなければなりません。

しかし、この優先順にとらわれすぎると、処理しておけば後はどうにかなると甘く考えて、中身のレベルが大幅に落ちることがあります。たしかに締め切りには間に合ったけど出来栄えがお粗末でやり直しなどということにもなりかねません。気持ちの焦りが集中力を殺いでしまい、出来栄えに跳ね返るケースはよくあることです。

まだ疲れていないうちに優先順位の高い仕事をして、その出来栄えだけは少なくとも合格点のものにしておけば、はるかに信頼度が高まるはずです。仕事をやる優先順位だけでなく、どれだけの手をかけるかのペース配分も仕事の段取りの大きな要素なのです。

# 勉強は人生というマラソンレースのため

## 何のために勉強するの?

多くの経験を積んでいる大人にとって勉強という言葉は似合わないという意見もあります。生涯学習という言葉がありますが、これは仕事をリタイアした後の隠居趣味という印象をもつ人も少なくありません。しかし、本当に勉強が必要なのは現役時代であって、その時期にブラッシュアップをすることで、より仕事の内容が豊かでレベルが高いものになるのです。

いうまでもなく大人が勉強する理由は人それぞれです。しかし、社会人以前と違って目的や課題が漠然としています。社内の昇進試験とかキャリアアップさらに資格試験など目的がはっきりしたものも少なくありませんが、それで区切りがつくわけではありません。人生というマラソンレースを念頭におけば、これらは通過点にすぎません。実は、そこに大人の勉強のややこしさがあるのです。

大人の勉強は、特定の目標をクリアするという目的をもつと同時にその目標をクリアしても「何のために勉強するのか」という目的意識をもち続けるほうが長続きします。目標のゴールのテープを切れば一段落と考えるのではなく、そのあとの継続によって、その達成した目標を人生や仕事に活かすことに意味があるのです。このゴールが見えないマラソンレースを支えるのは、「何のために勉強するのか」その理由をたえず確認しておくことです。

## 困難だが大人から始めても権威になるチャンスはある

何のために勉強するのかと一口にいってもそれを見つけるのは簡単ではありません。たとえば若さを保ちたいとか新時代の人間としての教養を身につけたい、あるいは年寄りになるまで頭が良くありたいといった理由の場合、具体策を見つけるのはそう簡単ではありません。

その苦労を覚悟のうえで、あえて挑戦するのであれば心理学や民俗学といった分野も射程内にいれていいかもしれません。ちょっとやそっとでは実益につながらず空しさが付きまといますが「何のために勉強するのか」という問いには答えられますし、また課題が明確でないだけに、いろいろな自由な考え方もできるし、自分の人生経験も反映できるので、長続きする可能性は低くありません。長続きすれば大学の先生でなくても、その道の権威者になれるチャンスは拓かれています。

このほかバイオやコンピュータソフトなど、その道に自信と能力があれば、キャリアアップに直結した実益に結びついた勉強も可能かもしれません。しかし、それは二、三年のブランクがあれば追いつくのがかなり困難なものになります。そうした情勢についていて感度が鋭ければ、少なくても職場の中というくらいのレベルであれば、もちろんその道の大家になる機会が扉を開けて待っていることでしょう。

一般的に、理科系の学問では、本に書かれていることより、実際の研究結果のほうが重視される傾向があり、実験ができない立場の人間が、机上の勉強だけで、学問に参加するのは困難なことが多いようです。しかし、多くの場合、その実験のレベルは高く、設備も費用もかかりますし、また、本当の意味での（つまりまだ論文になっていない段階の）最新情報の入手も大変です。つまり市井の学者がハイレベルを目指すのはきわめて困難です。

一方、民俗学や考古学なら民間の学者が大発見をした例が多く、大学や研究所にいなくても、研究者になれる門戸も開かれています。

しかし、何年たっても芽が出なければ、目標を修正するほうが賢明かもしれません。修正とは、目標を下げたり、勉強のテーマを変えることです。それでも八〇歳、九〇歳になっても勉強が続けられるなら、それは立派というほかありませんし、脳や体の健康にもよいでしょう。

## 大人でも勉強するなら大学を利用する方法が開かれている

ただ、本気で心理学なり民俗学、考古学を学ぼうというのであれば、年にかかわりなく大学を利用する方法を考えたほうが有利なのは確かです。最近では大学の専攻学科や大学院に入学する社会人が増えています。

現在、多くの大学や大学院では少子化による学生獲得の困難さに対応する意味もあって、社会人向けの公開講座だけでなく、夜間の大学院やサテライトキャンパスといって、都心の便利のいいところに特定の学部や学科の教室を設ける大学も増えています。

仕事に関係する経営学や会計学、人事に関係する人間関係学などの分野では会社のほうから勉強させてくれる場合もありますし、それがダメでも前述のようなやり方なら仕事をやめなくても通えることも多くなっているのです。夜間部は通常、学費も安く、本格的なカリキュラムのもとで、正式な勉強ができ、卒業すれば学士や修士の資格も取得できます。

在学中に資格取得でも専門の試験対策の相談に乗ってくれる大学もあります。たとえば、税理士や司法書士、社会保険労務士などこれからの社会に有用な資格試験突破のためのコースを用意している大学もあります。ただ、これらの資格試験対策は多くの場合、それ専用の専門学校に通ったほうが受験には有利なことが多いようです。

# 社会人でも通いやすい大学院サテライトキャンパス設置校と夜間大学院一覧

## ①大学院サテライトキャンパス設置校（東京／大阪地区）

都市の中心部などに教室を設置、教員を派遣したり、双方向メディアを使ったりして講義を行なう大学が増えている。これを上手く利用すれば、社会人も仕事が終わってからでも無理なく学べる。

※詳細については、必ず直接各大学にお問い合わせください。

### ▶東京地区

【国立】〈大学名/研究科名（課程）／サテライトキャンパス〉

| | | |
|---|---|---|
| **筑波大学** | 教育〔修士〕<br>ビジネス科学〔修士&博士〕 | 東京都文京区大塚 |
| **図書館情報大学** | 情報メディア〔修士&博士〕 | 東京都千代田区四ツ谷・主婦会館プラザエフ4階　生活講座セミナー室 |
| **埼玉大学** | 経済科学〔修士〕 | 東京都中央区・東京ステーションカレッジ八重洲口会館 |
| **東京学芸大学** | 教育学〔修士〕 | 東京都文京区小石川・付属竹早中学校、東京都世田谷区・付属高校 |
| **一橋大学** | 国際企業戦略〔修士〕 | 東京都千代田区一ツ橋・学術総合センター |

【私立】

| | | |
|---|---|---|
| 文京女子大学 | 経営学〔修士〕<br>人間学〔修士〕 | 東京都文京区・本郷キャンパス内生涯学習センタービル内 |
| 桜美林大学 | 国際学〔修士〕 | 東京都渋谷区・新宿サテライト教室 |
| 慶應義塾大学 | 経営管理〔修士〕 | 東京都港区・赤坂アカデミーヒルズ |
| 大正大学 | 文学〔修士&博士〕 | 東京都港区・赤坂アカデミーヒルズ |
| 多摩大学 | 経営情報学〔修士〕 | 東京都渋谷区・渋谷教育学園 |
| 中央大学 | 法学〔修士&博士〕<br>総合政策〔修士〕 | 東京都新宿区・市ヶ谷キャンパス |
| 日本大学 | 商学〔修士〕 | 東京都新宿区・新宿サテライトキャンパス（新宿野村ビル33階） |
| 明治薬科大学 | 薬学〔修士&博士〕 | 東京都千代田区紀尾井町・剛堂会館ビル |
| 立教大学 | 観光学〔修士&博士〕 | 東京都豊島区・池袋キャンパス |
| 産能大学 | 経営情報学〔修士〕 | 東京都世田谷区・自由が丘キャンパス |
| 東洋英和女学院大学 | 人間科学〔修士〕<br>社会科学〔修士〕 | 東京都港区・六本木キャンパス |

▶大阪地区

【国立】

| | | |
|---|---|---|
| **大阪大学** | 国際公共政策〔修士&博士〕 | 吹田市・千里ライフサイエンスセンター |
| **大阪教育大学** | 教育学〔修士〕 | 大阪市北区・天王寺キャンパス |
| **神戸大学** | 経営学〔修士〕 | 大阪市北区・大阪梅田OSビル |

【公立】

| | | |
|---|---|---|
| **大阪府立大学** | 経済〔修士〕 | 大阪市浪速区日本橋西・なんばサテライト教室　南海日本橋ビル4階 |

【私立】

| | | |
|---|---|---|
| **大阪産業大学** | 経営・流通学〔修士〕<br>経済学〔修士〕 | 大阪市北区・大阪駅前第4ビル |
| **関西大学** | 総合情報学〔修士〕 | 大阪市北区・天六キャンパス |
| **関西学院大学** | 経済学〔修士〕<br>商学〔修士〕<br>総合政策〔修士〕 | 大阪市北区・大阪梅田ハブスクウェア |

（安井美鈴著、大学入学情報図書館RENA編『2001〜2002　社会人のための大学・大学院入学ガイドブック』ダイヤモンド社刊より一部抜粋）

## ②夜間大学院

社会人で仕事をもちながらも大学院通学が可能なのは、なんといっても夜間大学院。開設校はまだそれほど多くないが、ぜひ検討してみたい。

※詳細については、必ず直接各大学にお問い合わせください。

### ▶東京地区

【国立】〈大学院名／研究科名（専攻および課程）〉

| | |
|---|---|
| 筑波大学大学院 | 教育研究科（カウンセリング専攻〔修士〕）<br>ビジネス科学研究科（経営システム科学専攻〔修士〕、企業法学専攻〔修士〕、企業科学専攻〔博士〕） |
| 千葉大学大学院 | 教育学研究科（学校教育臨床専攻〔修士〕） |
| 東京学芸大学大学院 | 教育学研究科（総合教育開発専攻〔修士〕） |
| 一橋大学大学院 | 国際企業戦略研究科（法務・公共政策専攻〔修士〕、経営・金融専攻〔修士〕） |
| 横浜国立大学大学院 | 教育学研究科（学校教育臨床専攻〔修士〕） |
| 愛知教育大学大学院 | 教育学研究科（学校教育臨床専攻〔修士〕） |
| 大阪教育大学大学院 | 教育学研究科（健康科学専攻〔修士〕、実践学校教育専攻〔修士〕） |
| 岡山大学大学院 | 教育学研究科（学校教育臨床専攻〔修士〕） |
| 広島大学大学院 | 社会科学研究科（マネジメント専攻〔修士〕） |

【公立】

| | |
|---|---|
| 北九州市立大学大学院 | 人間文化研究科（人間文化専攻〔修士〕） |

【私立】

| | |
|---|---|
| 青山学院大学大学院 | 国際政治経済学研究科（国際ビジネス専攻〔修士&博士〕、国際コミュニケーション専攻〔修士&博士〕）<br>※国際政治経済学研究科は、2001年学生募集停止。国際マネジメント研究科新設。 |
| 多摩大学大学院 | 経営情報学研究科（経営情報学専攻〔修士&博士〕） |
| 東洋大学大学院 | 文学研究科（教育学専攻〔修士〕、教育学〔博士〕）<br>社会学研究科（福祉社会システム専攻〔修士〕） |
| 立正大学大学院 | 経営学研究科（経営学〔修士〕） |
| 早稲田大学大学院 | 社会科学研究科（地球社会論専攻〔修士&博士〕、政策科学論専攻〔修士&博士〕） |
| 東洋英和女学院大学大学院 | 人間科学研究科（人間科学専攻〔修士〕）<br>社会科学研究科（社会科学専攻〔修士〕） |
| 山梨学院大学大学院 | 公共政策研究科（公共政策専攻〔修士〕） |
| 日本福祉大学大学院 | 社会福祉学研究科（福祉マネジメント専攻〔修士〕） |
| 武庫川女子大学大学院 | 臨床教育学研究科（臨床教育学専攻〔修士&博士〕） |
| 福岡大学大学院 | 人文科学研究科（教育・臨床心理専攻〔修士〕） |

（安井美鈴著、大学入学情報図書館RENA編『2001〜2002　社会人のための大学・大学院入学ガイドブック』ダイヤモンド社刊より）

# 年と能力の関係を問い直そう

## 年をとるほど脳力が高まる

すでに多少、触れましたが、最近、ブレーン・サイエンスが著しく進歩しているため、脳の仕組みについて新たな知見が次々に提示されています。私は、マグワイアというイギリスの神経学者がロンドンのタクシー運転手を対象とした調査について別の本で触れたことがあります。

この調査は、二〇〇〇年のアメリカ国立科学アカデミーの紀要に報告されたもので、一六人のタクシー運転手について、脳の記憶の司令塔とされる「海馬」を画像診断したもので、彼らの「海馬」が一般人に比べて大きいことを明らかにしたものです。ただし、これでは彼らの海馬が、運転をすることによって大きくなるのか、あるいは記憶がいい人（海馬の大きい人）がタクシー運転手という職業を選んだからかはわかりませんでした。そこでさらに、運転手のなかでも長年にわたって業務に携わっている人ほど海馬が大きいこともマグワイアは明らかにしました。彼らの海馬の体積は三〇年の熟練運転経験で三％も増加していたのです。

最近でこそカーナビゲーションという便利な機械ができていて素人でも道を間違えなくなっているようですが、今まで運転という仕事は、複雑な道路地図や抜け道を脳にインプットしていないと仕事になりませんでした。

それだけでなく一方通行の場所や複雑な標識をすべて記憶していないと、プロとはいえません。

加えて、工事区間や自治体の条例改正などによる最新道路情報にもアンテナを張らなければなりません。こう考えると、運転手という仕事は、たえず新たな記憶を重ねていかないと勤まらないことが理解できるでしょう。マグワイアの実験を見るまでもなく、この仕事に携わっていれば脳が鍛えられるのは当然といえます。

## ポイントは繰り返し復習すること

この事実から何がわかるでしょうか。使えば使うほど脳のソフトの部分だけでなく、ハードの部分も発達するということです。

一般的なイメージとして、記憶力などの脳の働きは、年とともに衰えると思われています。実際問題、近頃物忘れがひどくなったと嘆く年配者は少なくありません。記憶減退を年による脳の老化のせいにするわけです。しかし、最近の脳科学や知的機能の検査結果などをみると、どうもそうではないらしいことが明らかになってきています。私は、きちんと使っている人で、アルツハイマーや多発性脳梗塞のような脳の病気がなければ、少なくとも七五歳くらいまでは、脳の実用機能は落ちないのではないかと考えています。

すでに述べたことですが、子どものときは、算数でも国語でも復習すると覚えがよくなりました。これは子どもに限ったことではありません。大人になっても、脳に関してしては同じことがいえるのです。要するに中高年以降で記憶が悪くなったという人は、復習が足りないだけの問題かもしれません。

耳新しい情報やこれから学ぼうとする知識について、子どもが新たなことを学ぼうとするのと同じくらいに復習をしっかりやれば、年をとってからでも相当記憶ができるはずなのです。確かに多少は脳の神経細胞は加齢によって減り、衰えはしますが、この程度の能力は十分に残っているのです。もうひとつ大切なのは、予習です。大人になってからの強みは、若い頃にない理解力です。つまり若い人や子どもと比べて予習のときに理解しやすいので、それだけ新しいことが頭に入りやすいのです。この二つのポイントを押さえておけば、記憶が悪くなったと嘆く必要はかなり減るはずです。

## 受け売りも良策…復習術をマスターしよう

私の知人に、新しい本を読むたびに、その内容を感動をもって語る人がいます。俗にいう受け売りです。その意図を知る人々からは「あぁ、またか」と冷やかされたり敬遠されることが多いそうです。それにもめげずに知人は読むたびに、その感動を人に伝えています。これはなかなかできることではありませんし、勉強法としてはかなり合理的です。

というのは、本などを読んで、仮に自分で勝手に感動したことであっても嫌味なく人に語れれば、なによりも復習になります。それにもっと大切なことは、仮に読んだ本の著者の受け売りであったとしても、自分の頭の中に入ったことを発表する機会が得られることです。これは、記憶の大切なアウトプットトレーニングになるのです。

私は、勉強においては発表の重要性を主張していますが、その機会をこのような形で日常生活の中で作る姿勢は見上げたものです。別の方法として、会社のミーティングを発表の場として利用することもできます。これならば、聞くほうも「あぁ、またか」と投げやりな態度で聞くわけにはいきません。上手くすれば質疑応答があったり、上司からさらに詳しいレポート提出を求められるかもしれません。そうすることでよりレベルの高いアウトプットトレーニングができるのです。

## 自分がわかることと人に教えるのは理解度が違う

今、受け売りといいましたが、これも意味があります。受け売りは、一般的に悪い印象がありますが、これは利用価値のあるものです。

というのは、仮に受け売りであったとしても、人に話す以上は、わからないこととわかっていることがはっきりさせないといけないので、本の内容の理解を深めるよいトレーニングになるのです。

また、自分で理解することと、それを人にわかるように説明するのは話が別です。これは子どもに勉強を教える場合、簡単な算数の計算でも、子どもに教えるのは大変なことと同じです。一度、自分で理解したことを自分がわかるために復習する。そしてさらに人にわからせるために復習しながら、わかりやすい形に理解を修正していく。こうして繰り返し勉強することで、より確実に内容を把握する。これはきわめて有効な復習術の一つです。

また、記憶のシステムの特性上、大人になるほど、体験をともなわない知識は身につきにくくなります。単純記憶型の棒読みの復習ではなかなか覚えられないということです。これはエピソード記憶が優位になるのですから、当然のことです。しかし、このような形で発表の体験をすれば、より記憶がしやすくなるのです。

## アテンションの低下は感情の老化の警報

時間は不可逆です。人は、例外なく時間の旅人であり、どんなに逆らっても人が老け込むのは時間の問題でしかありません。その中で自分の最も活力のみなぎった生物学的な意味での若さを誇れるのはきわめて短いでしょう。林芙美子という作家の『放浪記』という作品の中に「花の命は短くて、…」という有名な文句があります。これは情緒的な文学表現ではありません。事実そのものです。

ただし、こういったからといって哲学の話をしようというのではありません。先に、子どもの頃に作った脳の辞書は一生、脳裏に焼きついて忘れないといいました。このような脳の辞書を新たに作るのは、「花の命」のように短い時期にしかできないという意味なのです。

実際、年をとるにともなって記憶に残らないことが多くなります。経験が増えるとともに見るもの聞くものに新鮮さを感じなくなり、かつ感動することが少なくなり、アテンションが弱まるうえに、日常のことなので、めったに復習をしなくなるからです。

ここでアテンションすなわち注意力が弱まるという事実に注目していただきたいのです。わざと何かに注目するというような意図的に行なうものでないアテンションは、つまり花を見て美しいと感じたり、季節の変化に気づいたりするというタイプのアテンションは、理性的なリアクションではありません。ある種の感情がともなうことが通常です。これが弱まることは、実は、老化の始まりなのです。

老化は、六〇歳、七〇歳になってから始まるものではありません。この手のアテンションが弱り始めたときには老化が始まっているといってよいかもしれません。だから、早い場合は二〇代から老化が始まっているのです。まさか、二〇代そこそこで老化かと驚かれるに違いありません。しかし、現実には生物としての人間の機能はいろいろな分野で二〇歳頃にはその機能のピークを迎えているものなのです。

## 「いい年」の恋愛は勉強の動機になるが要警戒

若さを保ち、意欲を生む手段として、また老化を防ぐ方法として、よく引き合いに出されるものが恋愛です。男なら年をも省みずに若い女性に恋ごころを抱くことは珍しくありません。しかし、現実にはこれはなかなか実りません。単に年の違いによるものとばかりではありません。セックスの問題もありますが、センスや思考の相違が障害になるからです。それよりは、大人の恋すなわち不倫をしたり浮気をして、青春時代の感動を体験してみたいと思う人のほうが多いかもしれません。

それなりの「いい年」になって恋愛すると、突然、若返ることがあります。周囲のことに関心が高まり、新しい話題を勉強する動機になります。こうした振る舞いは、周囲の世間の常識で反道徳的な行為であっても、勉強意欲を刺激するものです。もちろん感情面でも若返ることでしょう。そういう点では、動機としても感情の若返り法としても、恋愛は好ましいものなのですが、一つには相手のいるもので、自分の思い通りになるものでないこと、それ以上に配偶者の同意がないのであれば、トラブルのもとになり、最終的にはかえってストレスになり得るし、家庭を失うリスクさえあることなどを考えると、ちょっと払う代償が大きすぎる気がします。また、それが破綻すれば、精神的落ち込みのために逆に老化を早めるかもしれません。

昨今は三〇の声を聞いても、子どもじみた発想以外もてない者が多いといわれていますが、一方で、若いのに人生に対して妙に達観している「若年寄」が増えているという話を時々聞かされます。世代の感覚も二極分化しているのでしょうか。不思議なことに、そのいずれのタイプも四〇の声を聞くとたちまち意欲をなくして老化するという話もよく聞きます。かたや団塊の世代といわれる人たちは、五〇の声を聞いても、内心ではまだまだ若者と信じていて、端からみて何か勘違いしているのではないかとさえ感じさせる人もいますが、私の観察するところ、気持ちを若くもっているほうが、現実の老化のほうも確実に遅らせることができます。おそらくは団塊の世代の人たちのほうが受験競争も激しく、若い頃にみっちり勉強しており、また高度成長やバブル期も潜り抜け、人生が充実していたので、そのようなポテンシャルが高いのかもしれません。だとすると、若いうちからなるべくエネルギッシュにやっておくほうが、老化を予防するのに有利なのかもしれません。

# 勉強ができる人に向かって…大人の器量をもとう

## 心理療法のカギは現実との接点にある

年齢にかかわりなく、勉強の意欲を減退させるのは精神的な落ち込みや挫折です。とりわけ、社会的にまたプライベートな面で、心身ともに大きなハンディキャップを負っている中年以後の大人にとっては大きな壁です。精神的な落ち込みさえ克服できれば、勉強ができる人になるための条件を半分はクリアしたといっていいでしょう。

この壁を克服するために、多くの人がさまざまな方法を試みています。必ずしも、精神医学や心理学のプロでなくても後世に残るような心のケア法を開発することがあります。その一人が「内観法」で知られている吉本伊信《よしもといしん》（一九一六～一九八八年）です。吉本は奈良県大和郡山出身で、子どもの頃から秀才の誉れが高かったといわれます。また、母の影響で浄土真宗の信仰が厚かったといいます。その吉本が青年時代に浄土真宗の「身調べ」という修行法を体験しました。この修行は数日におよぶ断食、断水、断眠という厳しい条件で「今、死んだら魂はどこへ行くのか」と問うそうです。吉本はこの修行に三度失敗します。そして四度目に宗教的体験をします。この体験で吉本は自分の心と初めて深い対話をして、心に隠れていた自己の本心を悟ったといいます。

吉本はこのときに得た悟りを「内観」と名づけて、世界に伝えようと思い立ちます。そこまでなら、宗教家によく見かけるタイプですが、その後は違います。吉本はその後、実業の世界に身をおき、世の現実を体験します。社会人を本職としながら、当初はあくまでもボランティアとして心のケア法を充実させていきます。たとえば少年院や刑務所などにおける指導委員のほか企業の研修や学校教育さらに病院における心の治療に参加します。さらに吉本は自らがあみだした「内観法」から宗教的な色彩を排除しました。そして宗教的な枠から解放・発展させて、独自の心理療法に高めたのです。まさに宗教的体験を最終的には医者や心理学者も評価するようなレベルにまで発展させました。そして、そのレベルになってから、実業の世界から身を引き、内観の発展と普及に尽力したのです。

吉本は、自ら考案した「内観法」から宗教的要素を排除しました。おそらくは、自らが実業の世界に入り、その中で人間観察や人間関係に入り込むことで、宗教的なものの力を借りなくても、人間の普遍的な不安や苦悩が理解できたからでしょう。

最近の精神分析でも、かつてのような、あるのかないのかわからないような心のエネルギーや心の仕組みを仮定するのでなく、共感を通じて、患者の現実的な心の悩みを理解しようという方向性に変わってきています。

心理学というのは、難解な理屈や神秘的なものではなく、現実の人間関係の中で応用できてこそ意味のあるものです。もちろん当初は生活のためであったのかもしれませんが、吉本伊信が実業の世界でもきちんと成功できていたことに、この内観法の隠れた意味があるように思えてなりません。

## 勉強の大敵、不安や悩みと戦う

不安や悩みは勉強など何かをしようとする意欲にとって大敵です。この心の苦悩に向き合う方法として、私は最近「森田療法」という心理療法に注目しています。森田療法は、大正八年に森田正馬《もりたしょうま》（一八七四〜一九三八）という精神科医が考案した治療法で、現在でも東京慈恵医大など多数の病院で治療に用いられているだけでなく、国際的にも評価が高まっています。この治療法が主な対象とするものは「不安神経症」といわれる症状です。この症状は、日ごろ感じている不安が病的な段階に陥ったものと考えてよいでしょう。

こうした症状に悩まされている人は、昔から意外なほど多く、サラリーマンや主婦など仕事や家族にかかわる悩みを抱えている大人はいうまでもなく、受験や将来の進路に迷っている青少年の間でも珍しいものではありません。

この治療法では、不安症状を抱える人の中で、症状が特に重いと思われる人に対しては、入院させて治療を行ないます。治療では、最初の、一週間くらいは何もさせないで、食事とトイレに行く以外はごろごろと横にならせておくのです。

するとたとえば仕事でミスをすることや人前で赤くなることが不安で仕方ないと思っている人が、不思議なことに、そのうちに何か仕事をしたくてたまらないと思うようになるのです。これは一例にすぎませんが、森田療法では不安というのは、それだけよく生きたい（たとえば仕事でミスをしないような人間になりたいとか、人前で赤くならないような堂々とした人間になりたい）という欲望の裏返しなので、そのエネルギーを生きる方向に転化させれば、それが治療になると考えられています。だから、何もやらせないで寝かせておくという逆療法をさせることがあるのです。

## いい体験なら味をしめよう

現在でも、森田療法では、このような形の入院治療は行ないますが、その本質は、症状と注意の悪循環を断つことにあるとして、そのような治療を外来で行なうことが多くなっています。つまり、胃が痛いことにしても、顔が赤くなることにしても、仕事ができないという不安にしても、それを気にして注意がそっちのほうにいくと、余計に胃が痛くなったり、顔が赤いと感じられたり、あるいは不安が強くなってしまうのです。そこで、注意を不安に向けないようにさせることで、その悪循環を断たせるようにします。具体的には、本人にどのような不安があったとしても、たとえば「あなたの目の前にある課題なり、やるべき仕事をしなさい」指示して、最優先で作業をさせます。

この場合、そちらに注意が向かないように自覚症状については一切、たずねません。話は違いますが、野球の場合、マウンド上でランナーをためて不安になっているピッチャーにホームランの話は厳禁とされています。ピッチャーがホームランを打たれたらチームはピンチですから「ホームランに注意しろよ」と一言いいたくなるのがチームメイトの気持ちかもしれません。しかし、実際にそれをいちばん不安に思っているのはピッチャーその人なのです。むしろ、その不安をどこかへそらしてやるほうが、声をかけるチームメイトの役割といえるのです。もしあなたの部下や同僚が不安や悩みを抱えていることがわかったら、黙っておくのも大人の接し方の一つといえるのです。

森田療法では、これを「症状不問」といいますが、不安を感じていたとしても、また気分が悪いとか胃が痛い、頭が割れそうだとしても、そういう症状については、その場では話題にしないわけです。というのは自分が感じている症状というものは、取り除こうと思っても取り除けるものでなく、取り除こうとすれば余計にひどくなる種類のものだからです。そして、不安や症状を取り除こうとするのでなく、症状を感じている、不安になっている自分を、これも普通の自分なのだと受け入れられるようになることに意味があると考えられています。実際、不安を感じている自分も自分にかわりないわけで、それを他人に肩代わりしてもらうわけにはいきません。

話題がそれましたが、もし、本人がこうした最優先として指示された仕事に没頭することができれば、自然と不安感や悩みが和らいでいきます。大切なのは、そうした開放感を本人が体験することです。要するに、自分で変えられる行動については、「目的本位」でやるべきことをやり、不安などの感情のように自分では変えられないものを「あるがまま」にしておけば、自然と感情というのは弱まっていくものだということを身をもって感じさせるのです。そこにこの治療の意味があるのです。

## 自分を型にはめることで不安や鬱《うつ》から楽になる

鬱状態というのは、現代の精神医学ではなるべく休息をとるというのが原則ですが、不安や悩みにさらされていたり、自分に対する罪悪感のようなものの強い鬱状態の人にとっては、何もしていないことのほうが苦痛なときがあります。判で押したような生活はまんざら捨てたものではありません。サラリーマンなら会社で仕事に没頭していたほうが精神的に楽なことが多いのです。逆にリストラなどで、突然のように会社と縁が切れる状態に陥ると、不安や鬱的な自責感情がひどくなる例がありますが、これはなにもしないことが逆効果を招く一例です。

だから、不安を感じて体調が悪いときでも、会社をなんとなく休むのではなく、出社して仕事に励むと体調が回復することがあります。時には規則的な決まった判で押したような生活が必要なのです。それは立場によって違います。たとえば主婦の場合は午前中だけパートで働くとか、家庭で炊事や選択にあけくれるほうが気が紛れるという話をよく耳にします。

人間、ある種の型にはめて行動するほうが、不安や葛藤に耐えやすくなるというのは、行動療法でも基本的な考え方です。

その場合、注意していただきたいことは、仕事の出来栄えを気にしてはいけないことです。人並みにできれば上々です。もちろん出来栄えが悪いときは上司から注意を受けるかもしれません。基本的には、あまり体調がよくないことを知ってもらったうえで、それなりに頑張っていることをわかってもらえるようにするに越したことはありません。鬱のときは、行動することに意味があるのであって、合格点のハードルは少し下げることが、大切なテクニックです。

## 袋小路に気をつけよう

良かれと信じてしたことが裏目に出る。世間ではよくある話です。仕事を覚えようとすればするほど頭に入らない。上司のいうとおりに仕事をすればするほど、創意工夫が足りないと注意を受け、信頼を失う。

そんなことが重なれば、何事も悲観的に映ります。落ち込んだときに上司に呼ばれれば、自然に叱られるのではないか、ひどい場合にはリストラの通告を受けるのではないかと思い、不安が増幅してしまう。何事も悪く解釈したくなるときは誰にでもあるものです。そんなときどうしたらいいのでしょうか。

このような袋小路にはまったときは、多くの場合、思い込みが悪循環の大元になっています。たとえば叱られるのではないかと思い込んでしまうと、上司に対する悪い思い出ばかりが思い出され、なおさら叱られるという不安が強化されます。あるいは、実際に叱られるつもりで、上司の前で卑屈な態度をとったり、反抗的な態度をとることで、本当に嫌われてしまうこともあるでしょう。つまり、「叱られるに決まっている」という思い込みが、それを余計に悪い方向にもっていく悪循環のもとになっているのです。しかしながら、実際は一〇〇%叱られると決まっているわけではありません。あくまでもそれは思い込みであって、「既定の事実」ではないのです。つまり、叱られるかもしれないけど、別の話かもしれないと思い込みから解放されれば、少なくともそれ以上事態を悪化させることはなくなるはずです。

対応法としてなにをすべきかといえば、自分の思い込みを紙に書き出して、その推定確率を数字で書き込むことです。書いているうちに、それが一〇〇%でないことにも気づくでしょうし、ほかの可能性も同じ紙に列挙していけば、だんだん冷静になれるはずです。そして、その紙をあとから見返せば、自分の思い込みのパターンも理解できます。

これは、認知療法という心の治療法で用いられる「非適応思考の記録」というテクニックですが、森田療法でも日記を重視するように、書くことは自分を冷静にさせ、心を健康にしてくれるのです。

## 無形の思考は仮の姿と考えたほうがいい

頭のいい人は、ややもすれば問題を頭の中で解こうとします。しかし、これは本当に頭のいい人のすることではないようです。ちなみに、あの天才といわれたアインシュタインは、原子力の法則を数式で書いてもらうまで内容を理解できなかったという話があります。というのは、人の頭の中は、コンピュータのように整然と整理されたものではなく、もっと複雑怪奇だからです。

たとえば優れた企業経営者やトップクラスの技術者は、いつも手帳やノートを身につけていることが多いのです。その場で気がついたことや、思いついたアイデアを簡単な言葉でメモしています。ニュースなどでは、いつも手を後ろに組んで人と話をしていますが、その実、メモをとる習慣をしっかり身につけているのです。

勉強に、時・所・機会（T・P・O）はありません。机に向かって勉強するばかりが能ではありません。歩いていても、お茶を飲んでいても、人と談笑していても、勉強はいつでもできます。いってみれば勉強は「ゲリラ」です。神出鬼没とでもいうのでしょうか。ただ、そこで勉強したことが頭に残らなければ意味がありません。そのためには身を開いて外からの情報をいつでもキャッチして、頭に残しやすいように常にメモをとるようなスタイルがいいのです。

## 脳を上手く休めるコツを身につけよう

多くの現代人は、肉体よりも脳を多く使っています。職場の複雑な人間関係に頭を悩ましたり、家族の関係でさまざまな問題に直面する。そんな日々の生活で、疲労感を感じているのに目が冴えてなかなか寝つけないという経験は誰でもしていることでしょう。特にパソコンに向かって長時間にわたって文書などを作れば、その傾向はさらに強くなります。

いわゆるストレスの蓄積が問題なのです。ストレスを解消するためには、娯楽やスポーツを楽しんだり、趣味に没頭して憂さを忘れるとか、時には酒色を遊ぶことも必要かもしれません。いずれにしても心身をリラックスできる時間を見つけて、それを習慣化すれば、効果的でしょう。それをしないとストレスの重圧に耐えられなくなるかもしれません。

そこで、いくつか脳を休ませる方法を提案してみましょう。

まず、娯楽や趣味を楽しむ方法です。ここで基準となるのは、本当に自分がそれを楽しめるか、あるいはそれをやった後は頭がスカッとして、翌日からの仕事がはかどるようになるかです。人に誘われてとか、何か趣味をもたなくてはという強迫観念にかられてとか、実益を追求してというのでは、それほどストレス解消にならないでしょう。また、それをやることでかえって頭が疲れるようなら逆効果なのはいうまでもありません。

きちんと頭の疲れが取れているかのバロメーターは、それをした後の能率がもとより上がるかどうかでしょう。能率がかえって落ちるのでは、休息になっていないと考えてよいし、上がるようならリフレッシュ効果があったと考えてよいのです。他人を使うストレス解消というのも、リフレッシュの王道です。心やすい友人と酒を酌み交わすのも悪くありません。できれば行きつけの店を決めて常連になるといいかもしれません。店のマスターや他の客などと気心が通じれば、息抜きになりますし、もっと上手い方法としては、勉強したことの発表の場とする手があります。もちろん、勉強などということはオクビにも出さないで、さりげなく語るといいでしょう。これだと勉強と娯楽の一石二鳥になります。これについても、疲れるような人付き合いならする必要はありません。

さらに、賢明な合理的な脳の休息法は、勉強を趣味にしてしまうことです。勉強が趣味だというとさぞや嫌味に聞こえますが、大人にとって勉強だって楽しめるものはいくらでもあるでしょうし、気分をリフレッシュする効果があるはずです。勉強をした後のほうが気分がよかったり、頭がスカッとするのであれば、それも立派なストレス解消になっているのです。脳を休める手段が勉強である人は、それはもはや楽しみと生きがい、そして実用を兼ねた究極の勉強法を身につけたといっていいのです。

この本をお読みになって、どういう感想をおもちでしょうか。勉強というものが単なる決意や思いといったものではなく、その方法や実用につながる知識があることの意味がいかに大事かおわかりいただけたでしょうか。

世の中には知性や教養がある人が数多くいます。その知性や教養を活かすために、もう一歩、踏み込んで勉強がもつ価値をご一緒に見直してみませんか。その点でこの本がなにがしかの役割を果たせれば、大きな喜びです。

〔著者紹介〕

**和田　秀樹**（わだ　ひでき）

1960年生まれ。東京大学医学部卒。東京大学付属病院精神神経科助手。米国カール・メニンガー精神医学校国際フェローをへて、現在精神科医。ビデキ・ワダ・インスティテュート代表。川崎幸病院精神科コンサルタント、一橋大学経済学部非常勤講師など。一方で社会人教育や受験にかかわり、また受験、勉強法の通信教育のプロデューサーとして活躍。著書として『多重人格』（講談社）、『痛快！心理学』（集英社インターナショナル）、『他人の10倍仕事をこなす私の習慣』『大人のための勉強法』（いずれもPHP研究所）、『この勉強法で「ビジネス心理戦」を勝ち抜け』（アスキー）、『新・受験勉強入門』（ブックマン社）ほか多数。

〈ホームページアドレス〉
http://www.hidekiwada.com/

この差はなにか？　勉強のできる人 できない人（検印省略）

2002年2月28日　第1刷発行
2002年4月4日　第4刷発行

著　者　和田　秀樹（わだ　ひでき）
発行者　杉本　惇

発行所　㈱中経出版
〒102-0083
東京都千代田区麹町3の2 相互麹町第一ビル
電話　03(3264)2771（営業代表）
　　　03(3262)2124（編集代表）
FAX 03(3262)6855　振替 00110-7-86836
ホームページ　http://www.chukei.co.jp/

乱丁本・落丁本はお取替え致します。
DTP／エム・エー・ディー　印刷／新日本印刷　製本／島田製本


ISBN4-8061-1590-8　C2034